DER GROSSE
IQ-TRAINER

DER GROSSE IQ-TRAINER

Bassermann

Der Text dieses Buches entspricht den Regeln der neuen deutschen Rechtschreibung.

ISBN 3 8094 1807 2

Published by arrangement with Book Creation Ltd., London and Book Creation, LLC, New York
Originaltitel: Perceptual Puzzlers

Umschlaggestaltung: Atelier Versen, Bad Aibling
Urheber der einzelnen Aufgaben: siehe Seite 128
Übersetzung: SAW Communications, Mainz: Dr. Wolfgang Hensel
Redaktion: SAW Communications, Mainz: Dr. Sabine A. Werner

Satz: SAW Communications, Mainz, mit INKA satz & grafik, Rudersberg
Gesamtherstellung: Tesinska tiskarna, Czesky Tesin, Tschechische Republik

Printed in Czech Republic

817 2635 4453 6271

DER GROSSE IQ-TRAINER macht Spaß und ist eine Herausforderung für alle, die Knobelspiele und Denksportaufgaben lieben. Hier können Sie Ihre Auffassungs- und Kombinationsgabe testen, Ihre Wahrnehmung schärfen und ausprobieren, wie schnell Sie die geometrischen Prinzipien hinter einer Form erkennen. Die Sammlung enthält für jeden etwas, da sich die Rätsel in Schwierigkeitsgrad und Lösungszeit unterscheiden. Die meisten Fähigkeiten, die man braucht, um solche Rätsel zu lösen, werden von der rechten Gehirnhälfte gesteuert. Zu diesen gehören die Gestaltwahrnehmung (Wahrnehmung des Gesamtbildes), die dreidimensionale Wahrnehmung, das Erkennen von Farben und Mustern, die Musikalität, die Vorstellungskraft und Tagträume. Von der rechten Gehirnhälfte geht der Handlungsimpuls zur linken Hand. Bei Linkshändern ist das genau umgekehrt: Die hier benötigten Fähigkeiten werden bei ihnen von der linken Gehirnhälfte gesteuert.
Unsere sprachlichen und mathematischen Fähigkeiten müssen wir ständig unter Beweis stellen, nicht so unsere Wahrnehmung. Sie ist gefordert, wenn wir zum Beispiel unser Auto in eine enge Lücke einparken oder wenn wir aus einem Bund von Schlüsseln mit ähnlicher Zahnung nach der Erinnerung den richtigen heraussuchen müssen.
Rätsel, die mit unserer Wahrnehmung spielen, haben aber auch einen verblüffenden Nebeneffekt: Wir scheinen in eine fremde Welt jenseits von sprachlichem und mathematischem Denken zu geraten, wo wir hinter den Schein der Dinge

blicken müssen. Haben Farben, Formen, Linien, Ecken, Richtungen und Anordnungen eine Bedeutung, und führt sie uns zur gesuchten Antwort? Welche Informationen sind für die Lösung überhaupt relevant?

Es kommt daher immer darauf an, sich von gewohnten Wahrnehmungsmustern frei zu machen und sich auf das Wesentliche zu konzentrieren. Lassen Sie sich nicht von den abstrakten Formen und ungewohnten Mustern täuschen, denn hinter jedem Rätsel steckt eine deutliche Aussage.

Unser Team hat sorgfältig erdachte Rätsel zusammengestellt, die im Schwierigkeitsgrad unterschiedlich sind. Die Zahl der Sterne erleichtert Ihnen die Auswahl. So eine Knobelaufgabe ist einer Bergtour vergleichbar: Wenige Sterne entsprechen einem leichten Anstieg, aber wenn Sie sich an ein Acht-, Neun- oder gar Zehn-Sterne-Problem wagen, dann brauchen Sie schon Steigeisen und Eispickel.

Zu jedem Rätsel finden Sie eine Zeitvorgabe, also legen Sie eine Uhr bereit. Sie sollten jedoch bedenken, dass sowohl der Schwierigkeitsgrad als auch die Lösungszeit auf Durchschnittswerten beruhen. Wundern Sie sich also nicht, wenn Sie ein Zehn-Sterne-Problem locker lösen, während Sie sich mit einem Drei-Sterne-Rätsel endlos herumschlagen – jeder Mensch ist eben anders.

Freuen Sie sich auf rollende Würfel, umfallende Dominosteine, verwirrende Labyrinthe und die Suche nach Unterschieden. Wenn Sie nicht mehr weiterkommen, aber wirklich erst dann, können Sie im Lösungsteil nachschlagen. Geduld und etwas Übung führen zu Lösungen, die Ihren Blick auf die Welt verändern werden!

Alison Moore

1 SCHWIERIGKEITSGRAD ✪✪✪✩✩✩✩✩✩✩

Zu schaffen in: 5 Minuten

Finden Sie den Weg vom Vordereingang des Hauses bis zur Hintertür.

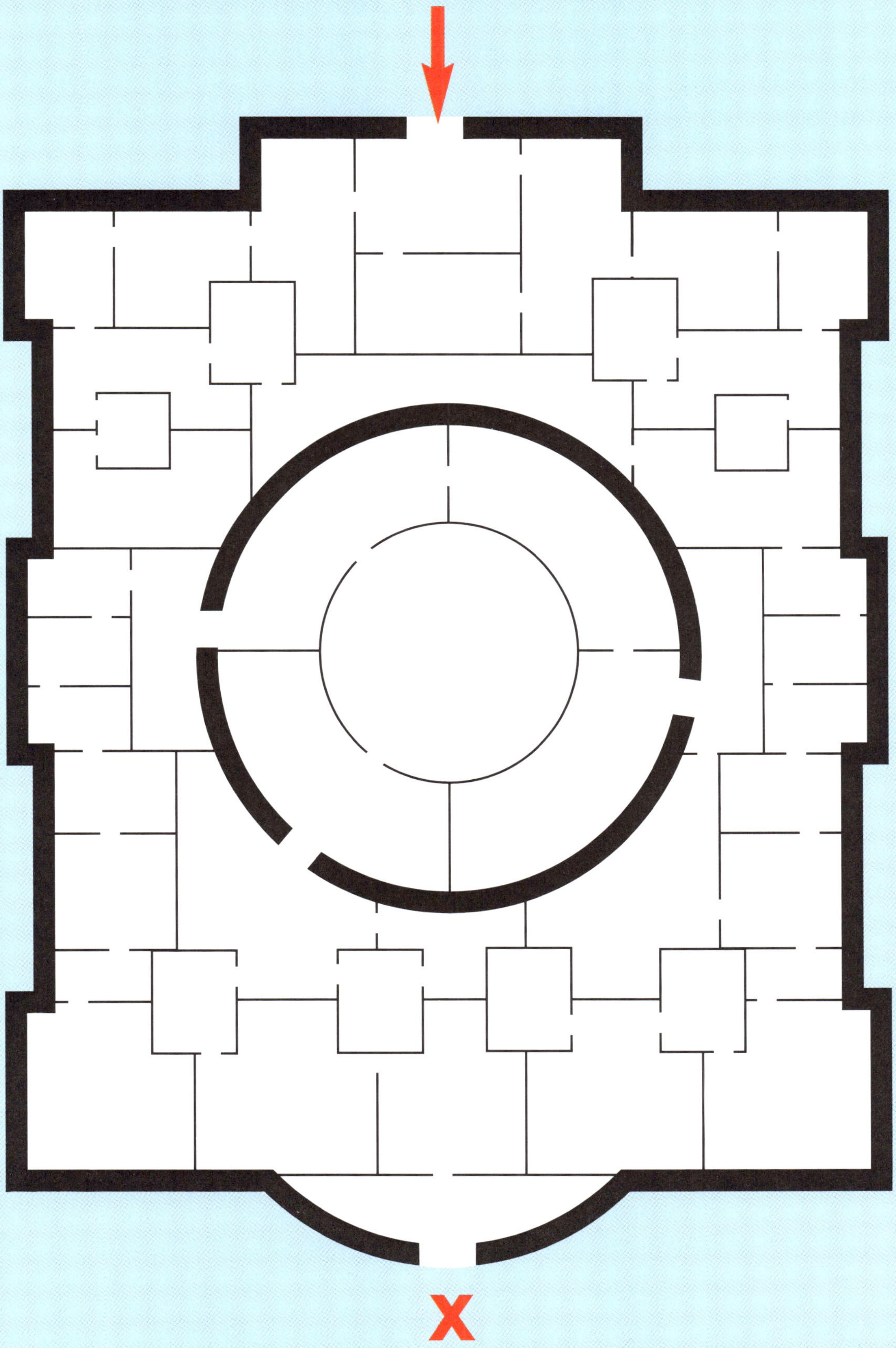

2 SCHWIERIGKEITSGRAD ★★★★★☆☆☆☆☆

Zu schaffen in: 5 Minuten

Die ist ein Spiel für zwei Personen. Die Spieler nehmen abwechselnd eine Münze oder zwei, die sich berühren, vom Spielplan. Gewonnen hat der, der die letzte Münze wegnimmt. Wenn Sie das Spiel ein paar Mal gespielt haben, versuchen Sie herauszufinden, wie man auf jeden Fall gewinnt, wenn der Gegner den ersten Zug hat.

3 SCHWIERIGKEITSGRAD ★★★★★★★☆☆☆

Zu schaffen in: 5 Minuten

Schauen Sie das Bild etwa eine Minute lang an, dann versuchen Sie, die Fragen auf Seite 10 zu beantworten, ohne zurückzublättern.

4 SCHWIERIGKEITSGRAD ★★★☆☆☆☆☆☆☆

Zu schaffen in: 3 Minuten

Finden Sie die acht Unterschiede zwischen den beiden Bildern? Kreisen Sie sie auf dem rechten Bild ein.

[3] SCHWIERIGKEITSGRAD

Zu schaffen in: 5 Minuten

Können Sie die Fragen beantworten, ohne zur Seite 9 zurückzublättern?

1. Wie viele der M sind weiß?
2. Wie viele der E sind dunkelgrau?
3. Wie viele der H sind weiß?
4. Wie viele der K sind lila?
5. Wie viele K sind es insgesamt?
6. Wie groß ist die Zahl der gelben K plus der gelben E?
7. Wie groß ist die Zahl der blauen H plus der lilafarbenen Z?
8. Wie viele Buchstaben sind es insgesamt, wenn Sie die E abziehen?

5 SCHWIERIGKEITSGRAD

Zu schaffen in: 2 Minuten

Die kleine Lisa krabbelt unter den Tisch und betrachtet von unten durch die Glasplatte die Würfel. Wie hoch ist die Summe der Augen, die sie sieht?

6 SCHWIERIGKEITSGRAD ✪✪✪✪✪✪✪✪✪✪

Zu schaffen in: 30 Minuten

Vermutlich werden Sie bald denken, hätte ich doch nie angefangen!

SO LÖSEN SIE EIN NONOGRAMM:

Bei diesem Nonogramm müssen schwarze und weiße Kästchen auf der quadratischen Spielfläche verteilt werden. Dabei entsteht ein Bildmotiv.

Die Zahlen vor jeder waagerechten Reihe und über einer senkrechten Spalte geben an, wie viele Blöcke mit wie vielen schwarzen Kästchen sich darin befinden. „3, 5, 4“ vor einer Reihe bedeutet beispielsweise, dass diese Reihe 3 Blöcke mit schwarzen Kästchen enthält: Der erste besteht aus 3, der zweite aus 5 und der dritte aus 4 Kästchen.

Zwischen zwei Blöcken schwarzer Kästchen gibt es immer ein oder mehrere weiße Kästchen. Es ist hilfreich, eindeutig weiße Kästchen mit einem Punkt zu markieren.

														2															
									1		1		1	2															
									6	1	9	1	5	2	1	2													
			1	1	2	1	1	1	5	10	1	7	3	2	2	1	7		1										
	2	2	9	7	7	5	5	5	11	11	12	1	9	9	1	2	1	1	9	12	14		15	10	2				
10	5	7	5	9	12	14	17	19	2	1	1	13	1	1	8	9	10	11	2	1	1	17	1	1	5	7	5	3	2

			10
		4	3
	2	5	2
	2	8	1
	1	11	1
	1	11	1
	1	12	1
1	5	6	1
1	4	4	1
1	4	4	1
1	3	3	1
4	3	2	1
4	3	2	2
2	3	1	3
1	3	4	5
1	5	3	7
	9	9	2
		11	8
			26
			27
			27
			24
			22
			20
			20
			19
	4	3	7
3	2	2	2
3	3	2	3
		4	3

7 SCHWIERIGKEITSGRAD ★★★★★☆☆☆☆☆

Zu schaffen in: 6 Minuten

Finden Sie den Weg ins Zentrum des Labyrinths.

8 SCHWIERIGKEITSGRAD ✪✪✪✪✫✫✫✫✫✫

Zu schaffen in: 3 Minuten

Welche der Scheiben (a, b, c oder d) passt in die Lücke?

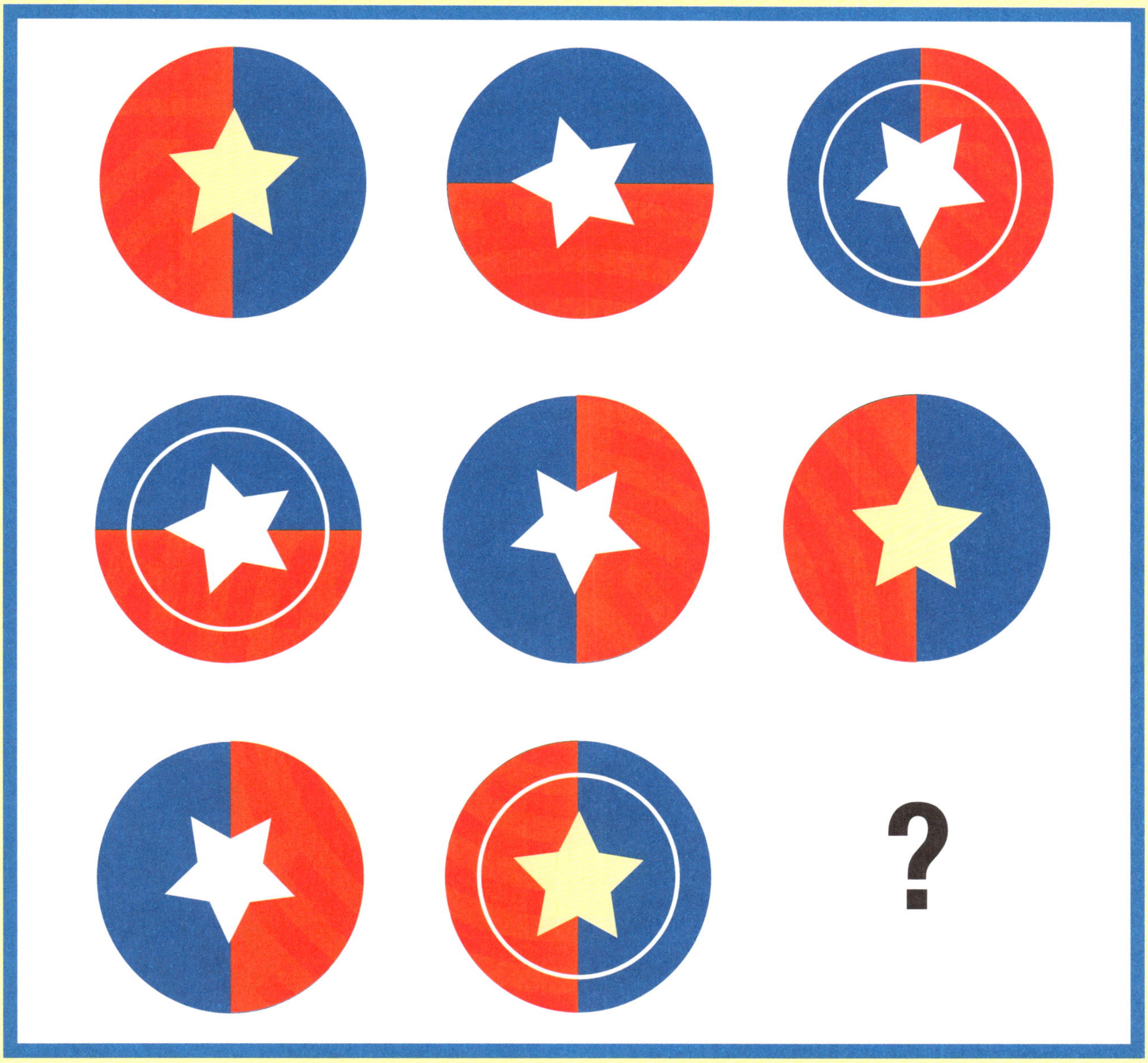

9 SCHWIERIGKEITSGRAD

Zu schaffen in: 10 Minuten

Es gibt nur eine einzige Möglichkeit, das Muster a in das bunte Schachbrett einzufügen. Das Muster a darf gedreht, aber nicht gespiegelt werden. Finden Sie die Stelle? Das Muster b ist an drei Stellen versteckt – an welchen?

a

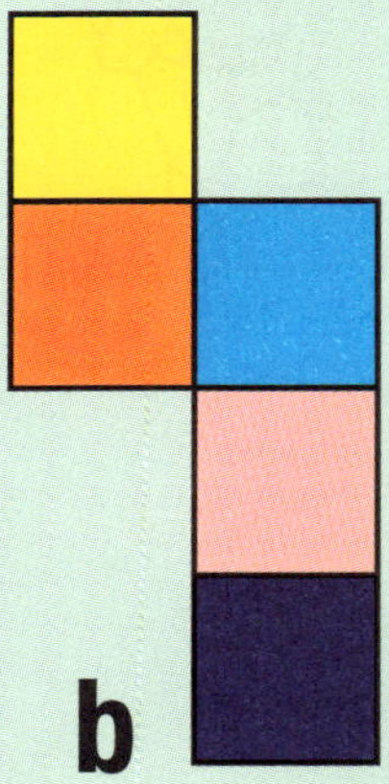

b

10 SCHWIERIGKEITSGRAD ✪✪✪✪✪✪✪✪✪✪

Zu schaffen in: 4 Minuten

Das schöne Aschenputtel (nicht im Bild) hat zwei Stiefschwestern, die völlig gleich aussehende Zwillinge sind. Welche sind es? Eine von ihnen könnte als Spiegelbild gezeigt sein, also sehr sorgfältig prüfen!

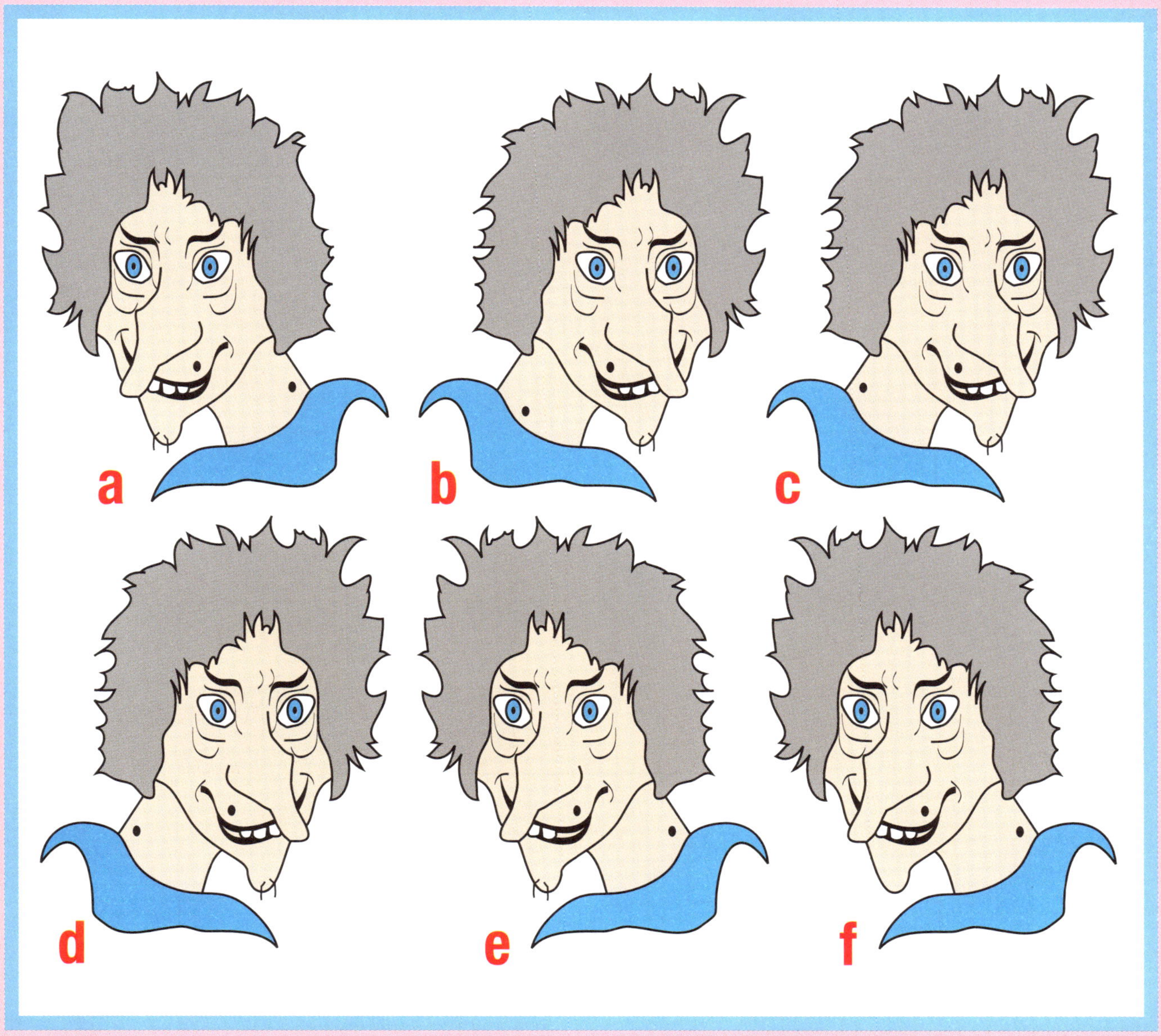

11 SCHWIERIGKEITSGRAD ✪✪✪✪✪✪✪✪✪✪

Zu schaffen in: 4 Minuten

Falten Sie den Streifen unten in Gedanken zu einem Würfel. Welcher kommt dabei heraus (a, b, c, d oder e)?

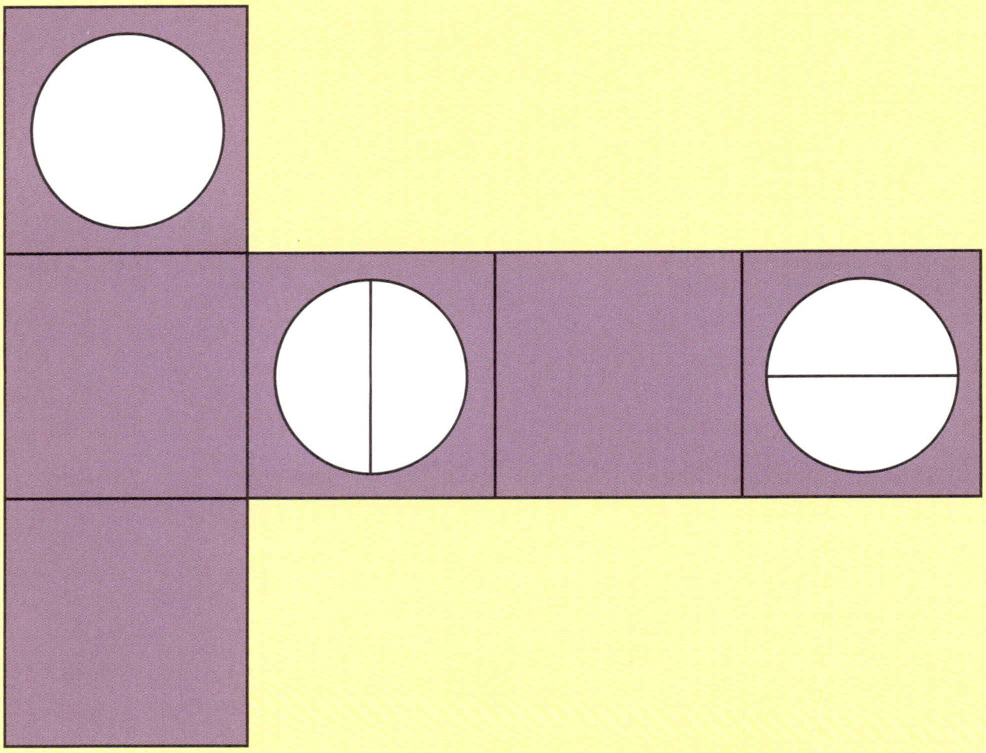

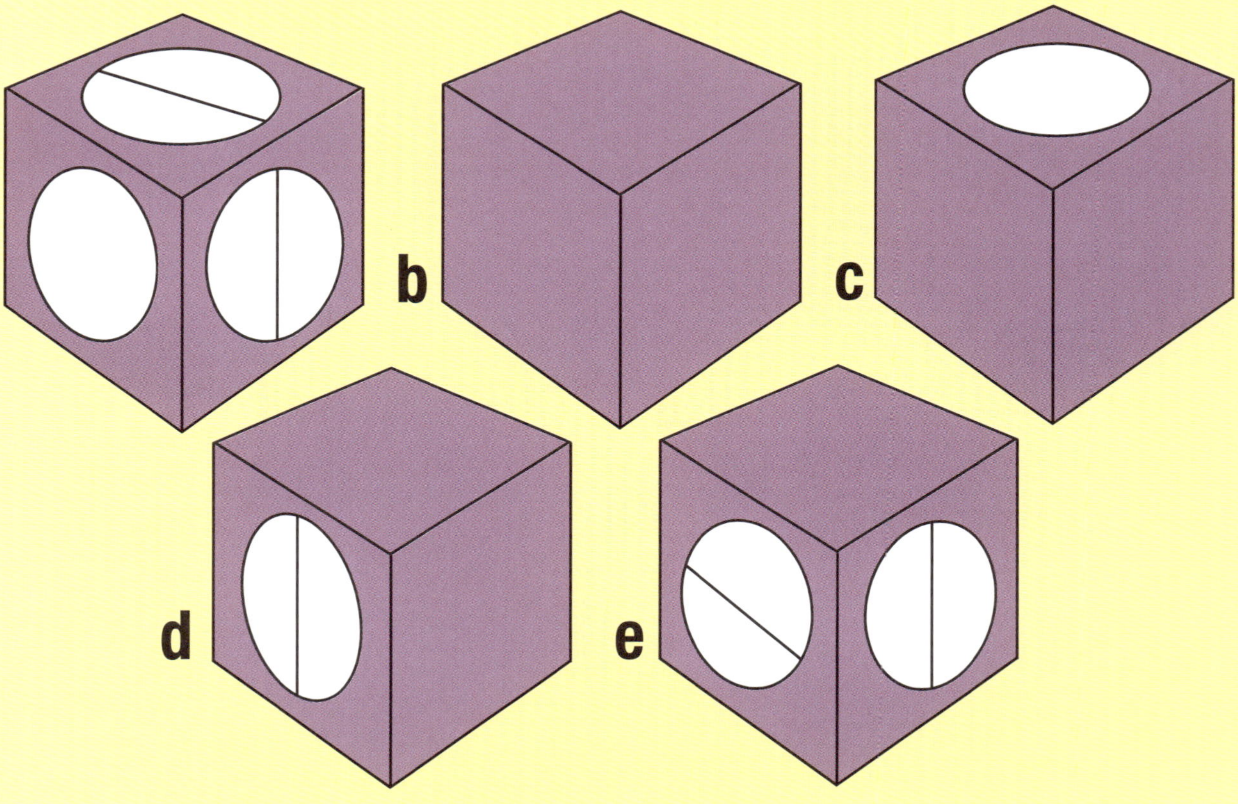

a b c d e

12 SCHWIERIGKEITSGRAD ★★★★★☆☆☆☆☆

Zu schaffen in: 3 Minuten

Welcher Dominostein (a, b, c oder d) gehört an den leeren Platz?

13 SCHWIERIGKEITSGRAD ★★★★★★★☆☆☆

Zu schaffen in: 5 Minuten

Juliette hat diese drei Würfel auf den Tisch gelegt. Sie sieht dieselben Seiten wie Sie. Ihre Freundin Angelika, die ihr gegenüber sitzt, sieht ebenfalls die oberen Seiten, dazu die vier anderen, die für Sie verdeckt sind. Niemand kann die Würfelflächen sehen, die auf der Tischplatte aufliegen. Wie groß ist die Summe der Punkte, die Angelika sehen kann, wenn gilt, dass sich auf der rechten Fläche des rechten Würfels (von Ihnen aus) keine Sechs befindet?

14 SCHWIERIGKEITSGRAD

Zu schaffen in: 6 Minuten

Muss im Zentrum ein 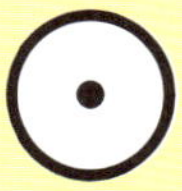 **oder ein**  **stehen?**

15 SCHWIERIGKEITSGRAD ✪✪✪✪✪✪✪✪✪✪

Zu schaffen in: 4 Minuten

Schauen Sie die Füller genau an. Welcher unterscheidet sich von allen anderen?

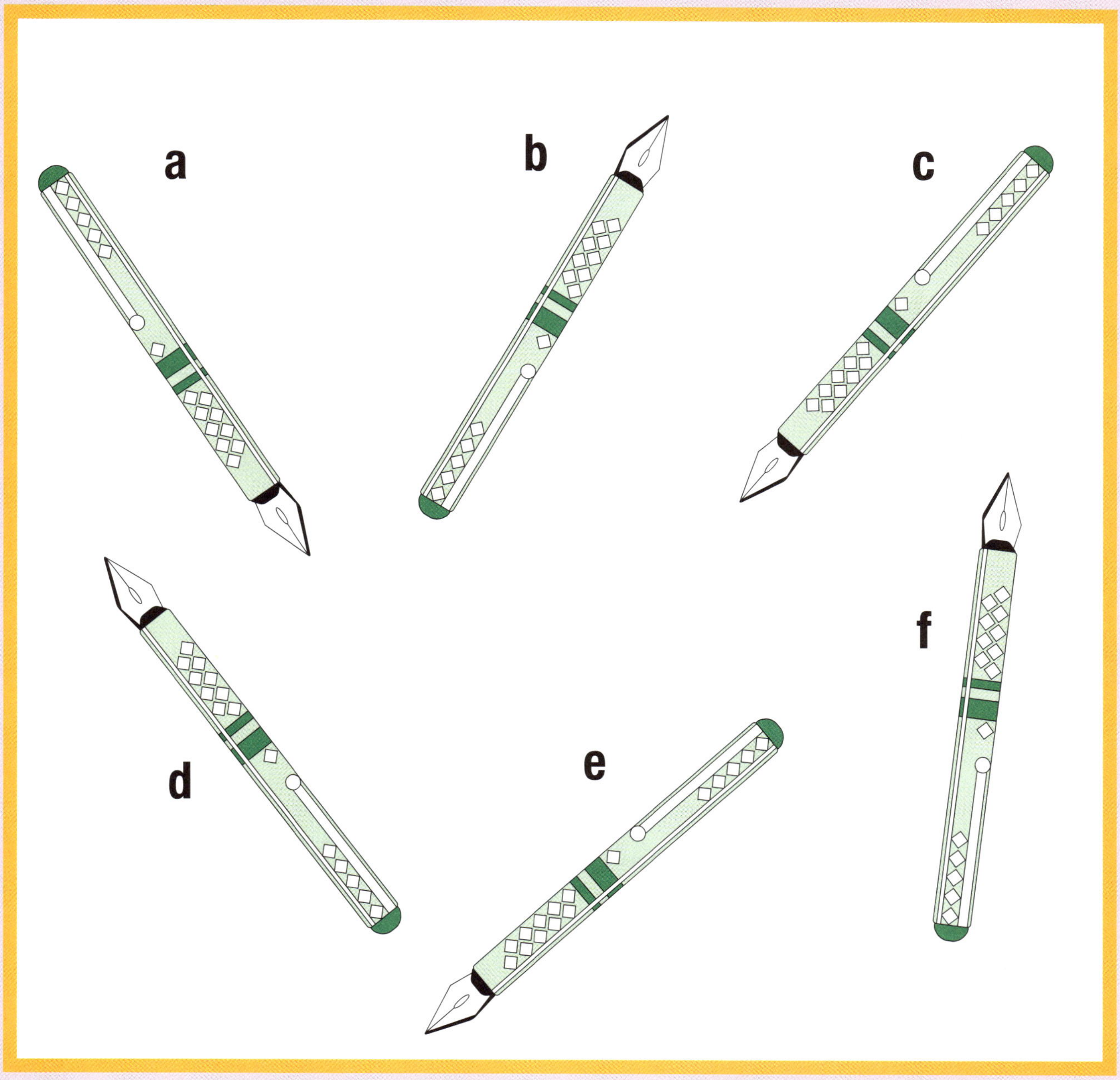

16 SCHWIERIGKEITSGRAD ✪✪✪✩✩✩✩✩✩✩

Zu schaffen in: 3 Minuten

Malen Sie die Flächen farbig an. Wie viele Farben brauchen Sie mindestens, damit sich niemals zwei Flächen mit derselben Farbe berühren?

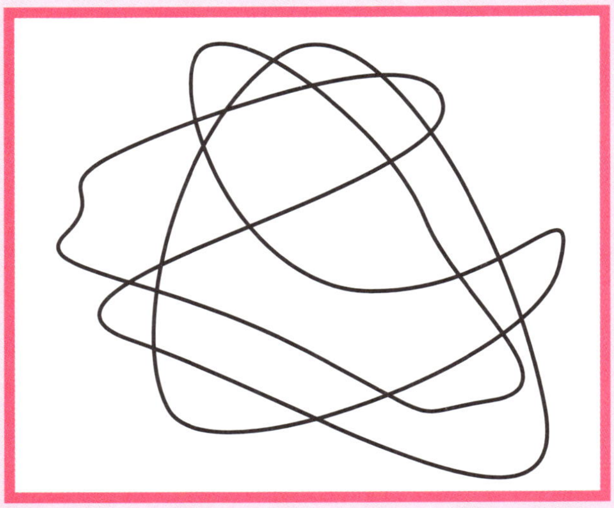

17 SCHWIERIGKEITSGRAD ✪✪✪✩✩✩✩✩✩✩

Zu schaffen in: 3 Minuten

Blacky betrachtet seinen Knochenvorrat. Finden Sie heraus, in welcher Reihenfolge er sie auf den Haufen gelegt hat.

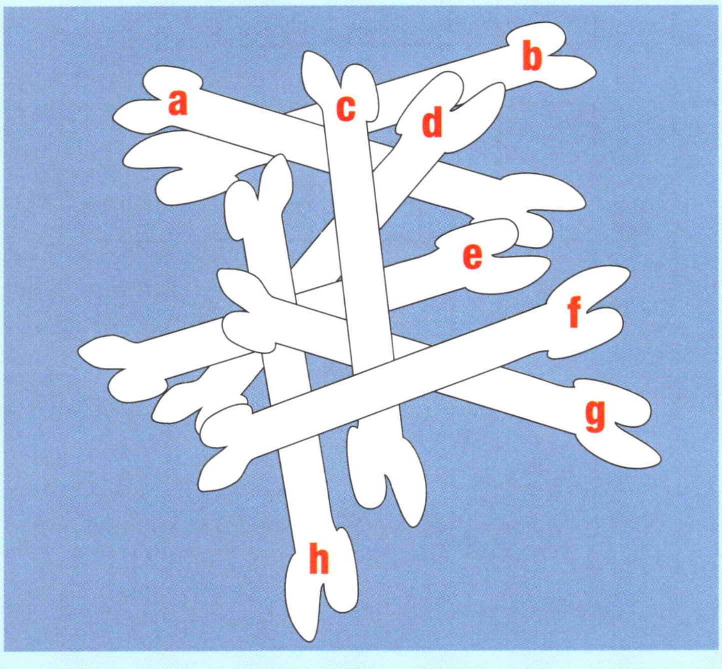

18 SCHWIERIGKEITSGRAD ✪✪✪✩✩✩✩✩✩✩

Zu schaffen in: 5 Minuten

Fahren Sie das Auto in die Garage X, ohne mit den Rädern in einem der Schlaglöcher hängen zu bleiben.

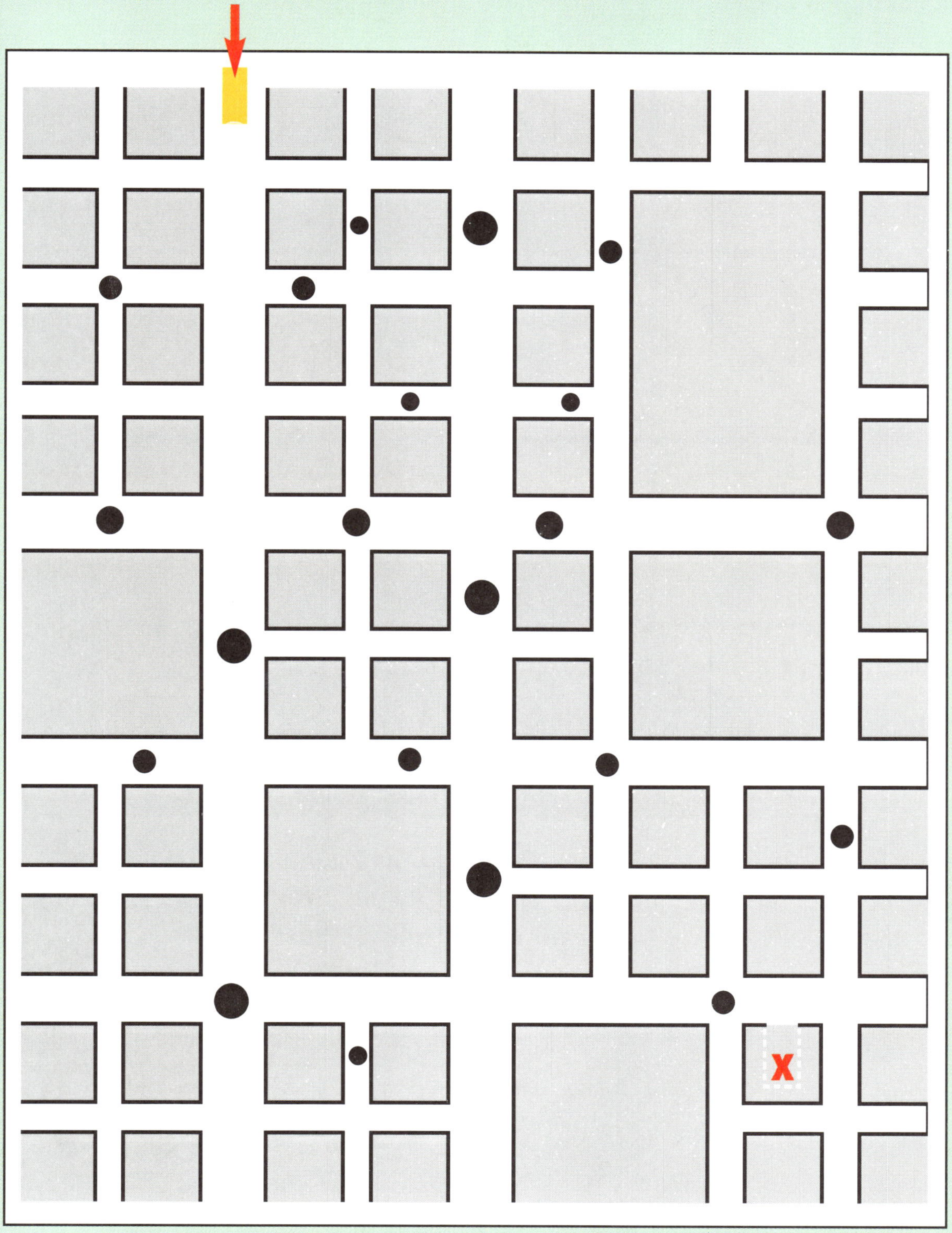

19

Ein Tangram ist ein altes chinesisches Legespiel. Zeichnen Sie auf ein quadratisches Stück Pappe (je dicker, desto besser) ein Gitter (4 x 4 cm). Schneiden Sie die Pappe den Farben entsprechend in sieben Stücke.

Legen Sie die Teile so aneinander, dass die Bilder auf der nächsten Seite entstehen. Sie müssen immer alle sieben Teile benutzen und Überschneidungen sind nicht erlaubt. Unten haben wir ein Beispiel aufgezeichnet.

a **SCHWIERIGKEITSGRAD**

★★★☆☆☆☆☆☆☆

Zu schaffen in: 3 Minuten

Schlafende Katze

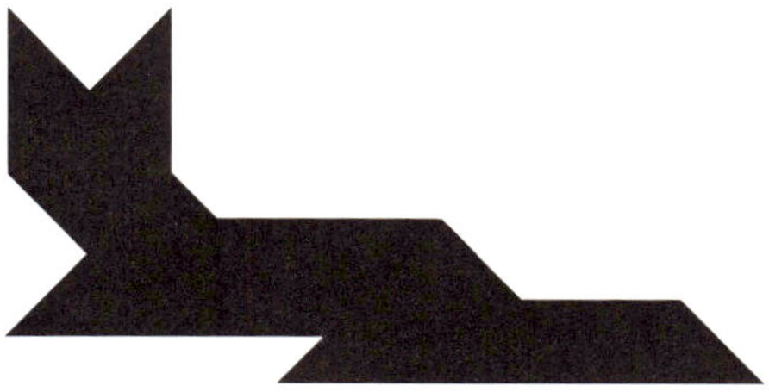

b **SCHWIERIGKEITSGRAD**

★★★☆☆☆☆☆☆☆

Zu schaffen in: 3 Minuten

Kerze

c **SCHWIERIGKEITSGRAD**

★★★★★☆☆☆☆☆

Zu schaffen in: 5 Minuten

Mann mit Hut

d **SCHWIERIGKEITSGRAD**

★★★★★☆☆☆☆☆

Zu schaffen in: 5 Minuten

Seltsamer Pfeil

e **SCHWIERIGKEITSGRAD**

★★★★★★★★☆☆

Zu schaffen in: 8 Minuten

Paradoxes Quadrat

f **SCHWIERIGKEITSGRAD**

★★★★★★★★☆☆

Zu schaffen in: 8 Minuten

Berge zu Maulwurfshügeln

20 SCHWIERIGKEITSGRAD

Zu schaffen in: 8 Minuten

Falten Sie den Streifen unten in Gedanken zu einem Würfel. Welcher kommt dabei heraus (a, b, c, d oder e)?

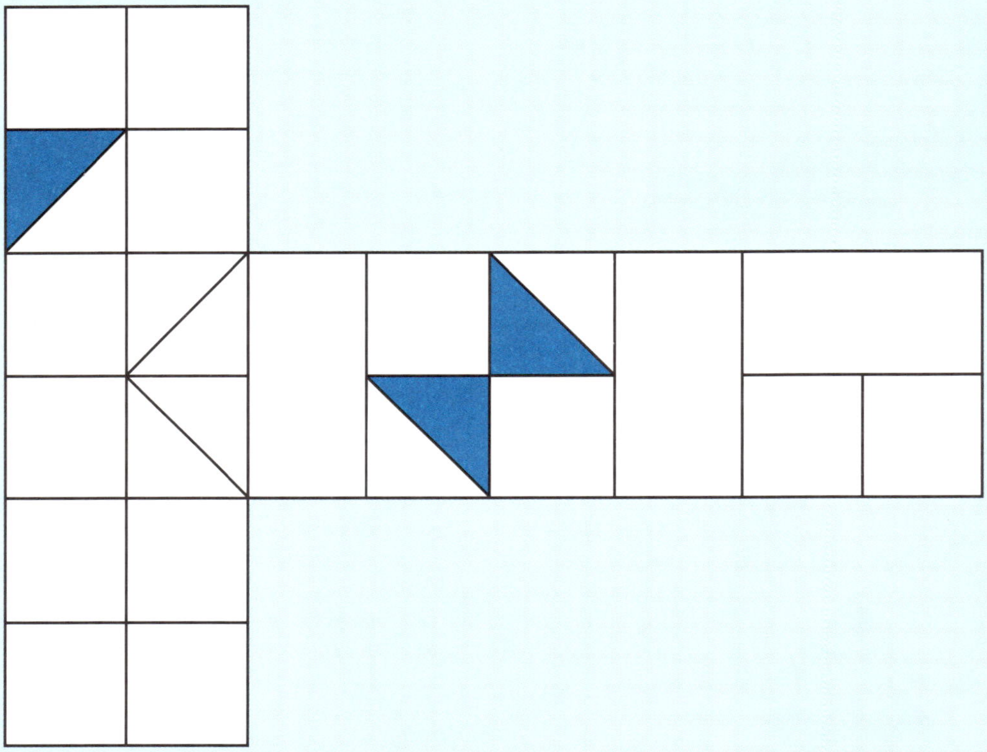

a

b

c

d

e

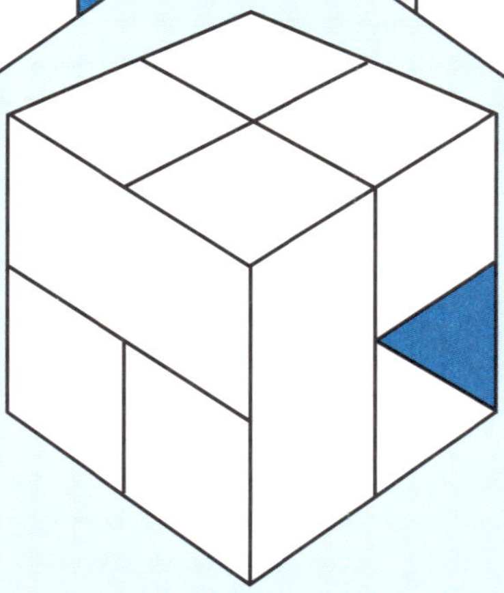

21 SCHWIERIGKEITSGRAD

Zu schaffen in: 2 Minuten

Welcher der vier Hundeköpfe (a, b, c oder d) gehört an die offene Stelle?

22 SCHWIERIGKEITSGRAD ★★★★★☆☆☆☆☆

Zu schaffen in: 3 Minuten

Zwei der Schnipsel lassen sich zu der weißen Flasche zusammensetzen. Welche sind es?

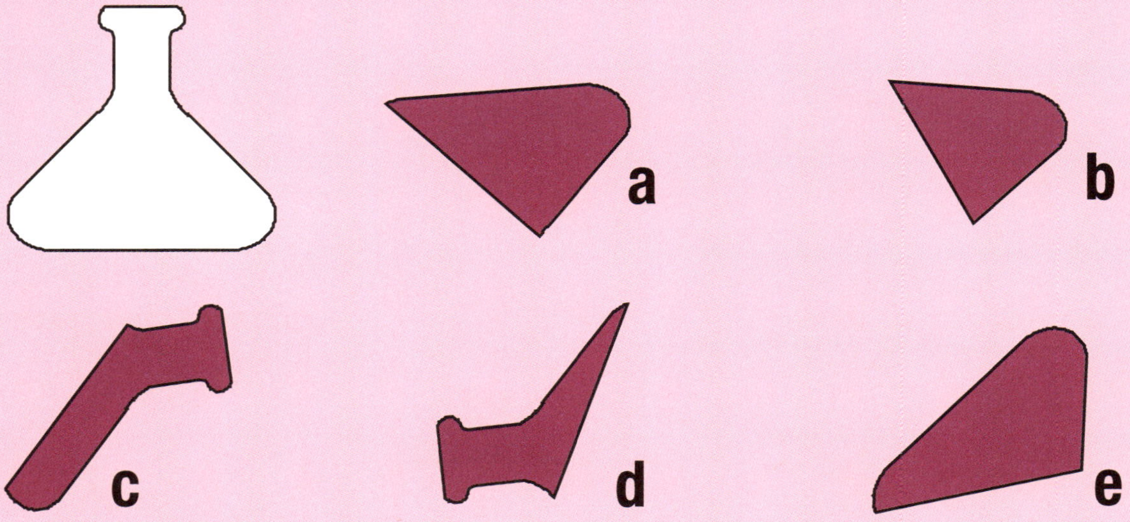

23 SCHWIERIGKEITSGRAD ★★★★★☆☆☆☆☆

Zu schaffen in: 3 Minuten

Welcher Dominostein (a, b, c oder d) gehört an die offene Stelle?

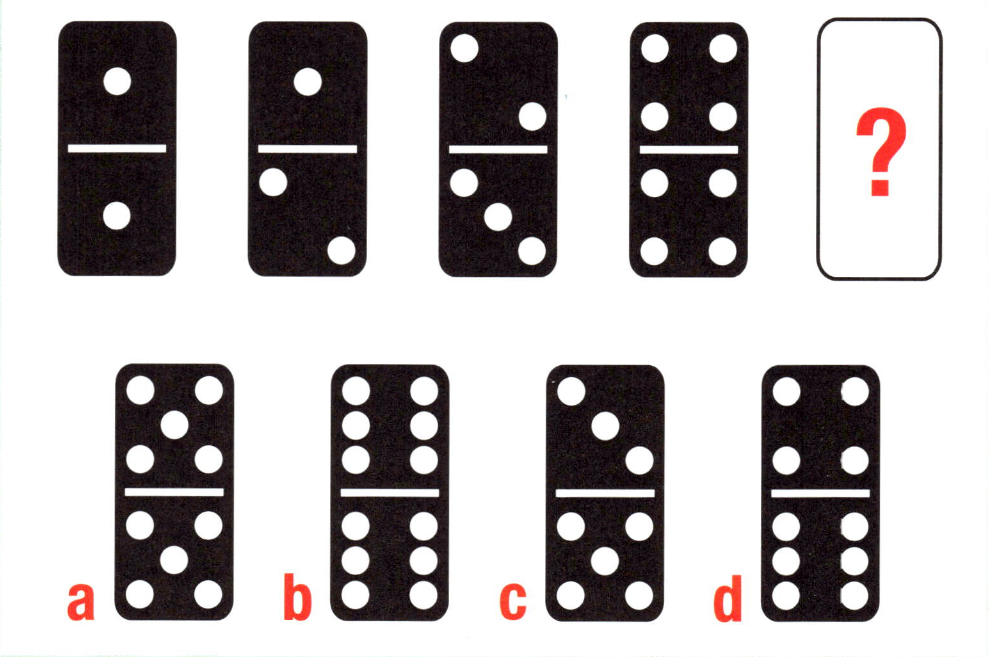

24 SCHWIERIGKEITSGRAD ✪✪✪✪✪✪✪✪✪✪

Zu schaffen in: 5 Minuten

Schauen Sie die Bilder gut an. Welcher Kran unterscheidet sich von den übrigen?

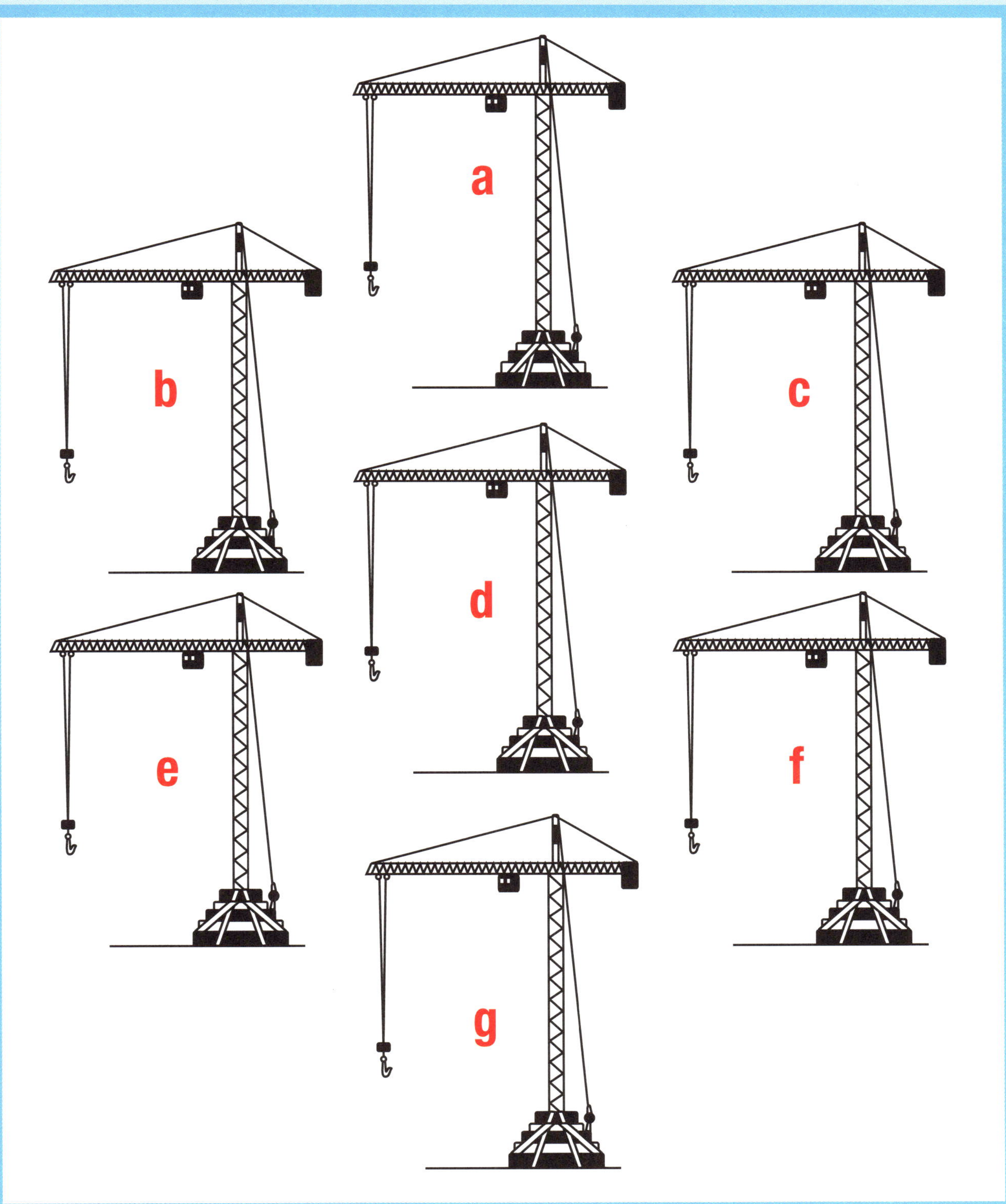

25 SCHWIERIGKEITSGRAD ✪✪✪✪✪✪✪✪✪✪

Zu schaffen in: 7 Minuten

Welche Form gehört in das mittlere Feld?

26 SCHWIERIGKEITSGRAD ✪✪✪✪✪✪✪✪✪✪

Zu schaffen in: 30 Minuten

Ein Nonogramm wartet auf Sie! Auf S. 11 finden Sie eine ausführliche Anleitung zur Lösung.

Spaltenvorgaben (von oben nach unten):

																			3							2	2	1	
						1										2	1	3	2	2	2				3	2	2	2	
				3	2	4	5	2	1			3			2	2	3	4	2	2	2	1		1	1	2	3	3	3
	3	3	3	4	4	3	3	3	3		3	1	2	3	1	7	4	3	3	3	3	3		3	2	3	3	2	6
4	1	2	3	4	8	4	7	8	10	18	15	15	13	12	10	4	8	4	7	8	10	16	30	15	13	12	10	7	4

Zeilenvorgaben (von links nach rechts):

		4	1	2	1	1	3
3	2	1	2	2	1	2	1
3	4	2	2	3	1	1	2
3	3	2	2	3	1	1	2
			3	4	8	1	3
				2	4	1	6
			1	4	4	2	1
				5	6	2	2
					8	2	3
				3	6	1	4
			3	6	3	1	3
			2	8	2	2	3
				2	10	3	3
				2	11	4	2
			2	11	2	2	1
					14	4	4
					12	6	3
					12	8	1
					10	3	6
					8	3	6
					4	2	8
						2	10
						2	11
						2	11
							14
							12
							12
							10
							8
							4

27 SCHWIERIGKEITSGRAD ★★★★★★★★★★

Zu schaffen in: 5 Minuten

Teilen Sie das Sechseck durch drei gerade Linien in fünf Teile, die jeweils fünf unterschiedliche Formen in fünf unterschiedlichen Farben enthalten.

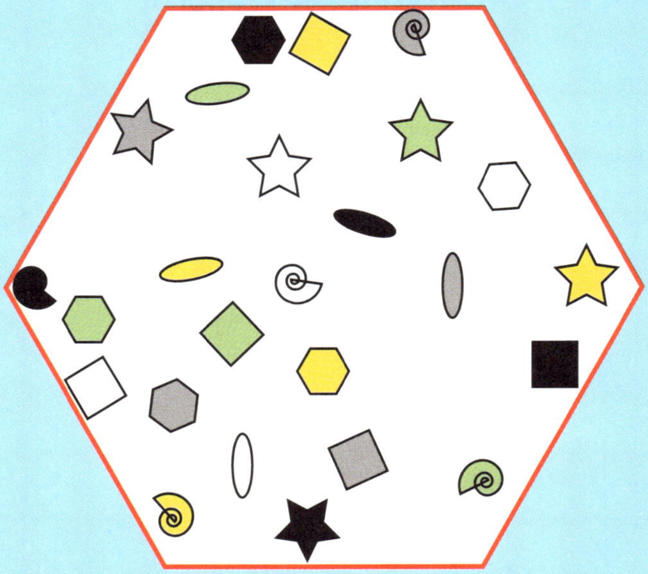

28 SCHWIERIGKEITSGRAD ★★★★★★★★★★

Zu schaffen in: 5 Minuten

Wie viele Farben brauchen Sie mindestens, um die Bienenwaben so auszumalen (mit Hintergrund), dass sich niemals zwei Flächen von gleicher Farbe berühren?

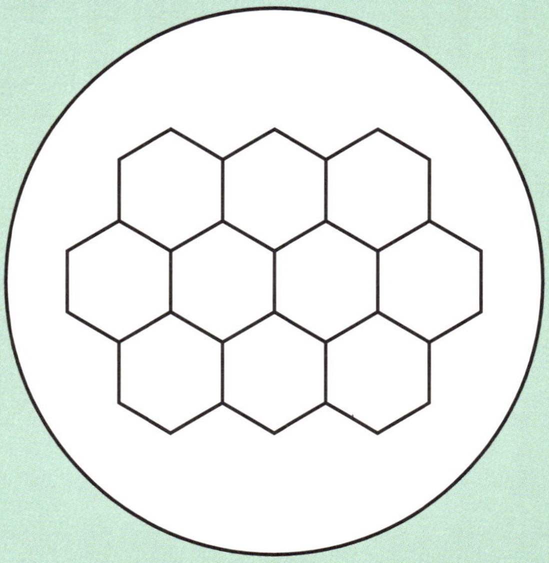

29 SCHWIERIGKEITSGRAD ✪✪✪✪✪✪✪✪✪✪

Zu schaffen in: 4 Minuten

Maggies magischer Spiegel funktioniert merkwürdig! Können Sie die Vasen ihren Spiegelbildern zuordnen, obwohl die Positionen vertauscht sind und die Formen etwas unscharf aussehen?

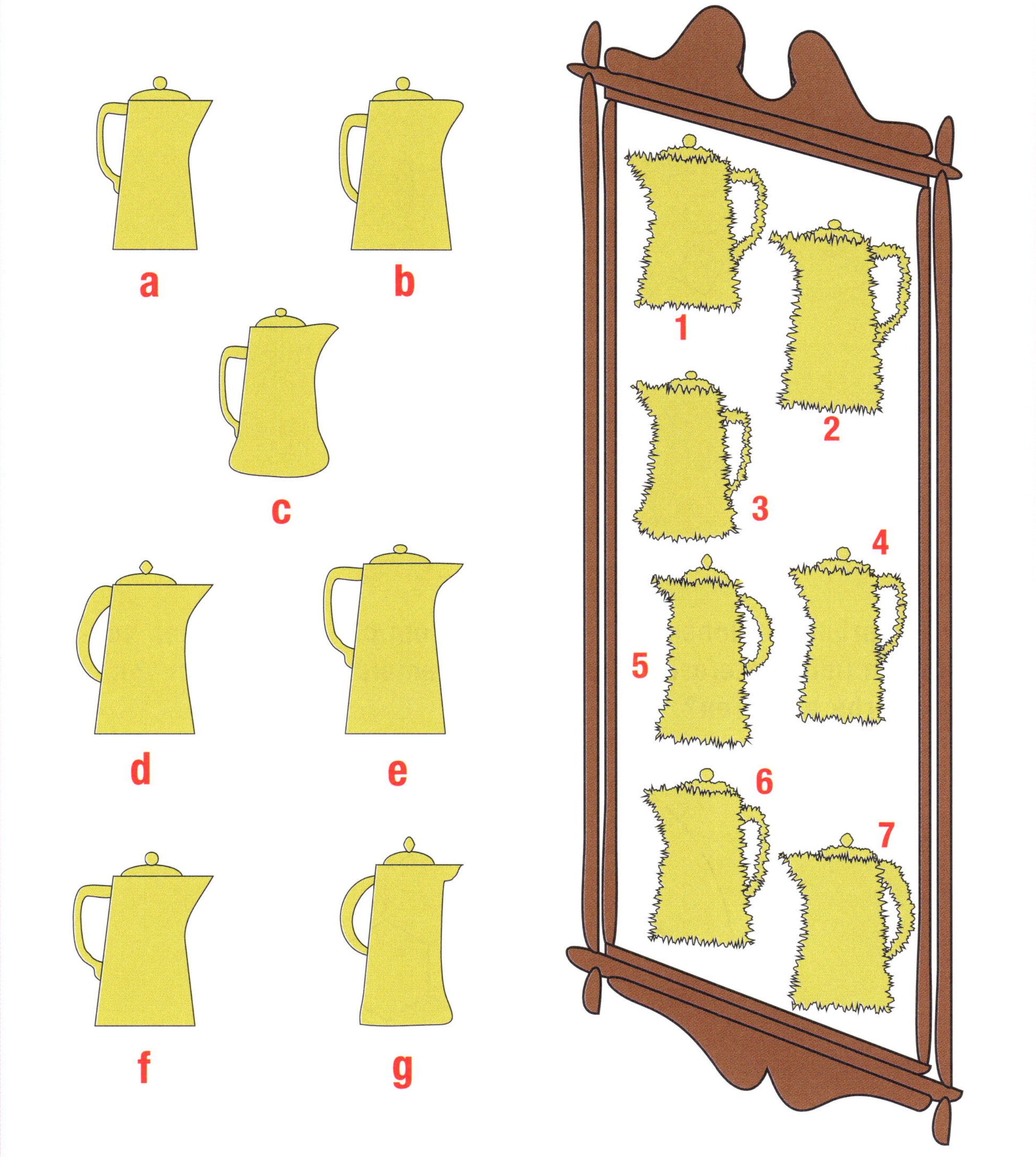

30 SCHWIERIGKEITSGRAD

Zu schaffen in: 8 Minuten

Die Dominosteine können zu einem Bilderrahmen geordnet werden – im Beispiel rechts mit 18 Augen auf jeder Seite.

Können Sie aus den Steinen unten zwei Rahmen aus vier Steinen mit jeweils 9 Augen auf jeder Seite legen?

31 SCHWIERIGKEITSGRAD

Zu schaffen in: 7 Minuten

Teilen Sie das Bild durch zwei gerade Linien in drei Teile. Jeder Teil muss zwei Schmetterlinge, vier Raupen und fünf Puppen enthalten.

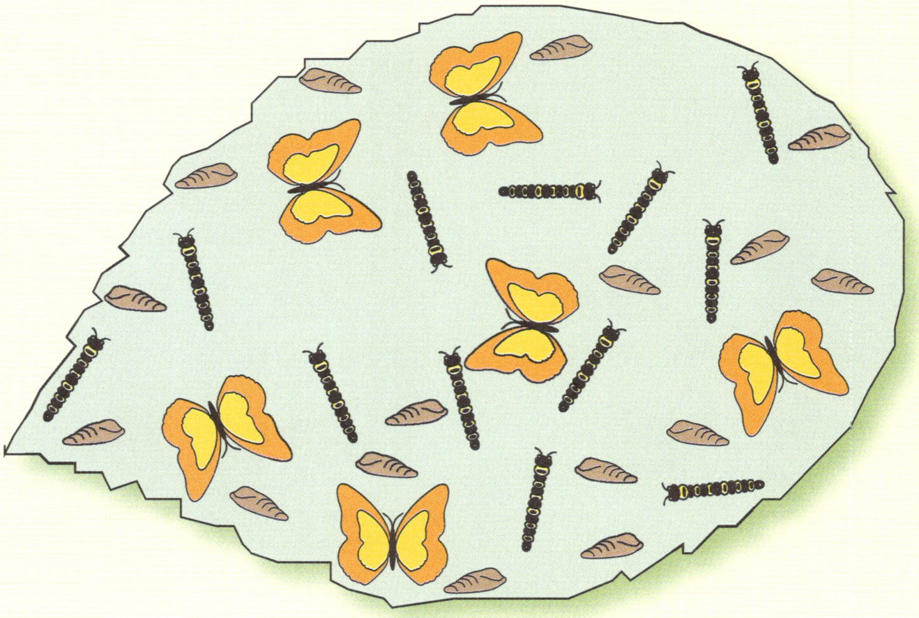

32 SCHWIERIGKEITSGRAD ★★★★★★★☆☆☆

Zu schaffen in: 5 Minuten

Schauen Sie die Kuchen eine Minute lang an, dann versuchen Sie, die Fragen auf Seite 34 zu beantworten, ohne zurückzublättern.

[32] SCHWIERIGKEITSGRAD

Zu schaffen in: 5 Minuten

Können Sie die Fragen beantworten, ohne das Bild auf Seite 33 erneut anzuschauen?

1. **Welche Farbe hat die Glasur von Kuchen c?**
2. **Welche Farbe hat das Förmchen von Kuchen g?**
3. **Wie viele der Kuchenförmchen sind blau?**
4. **Wie viele der Teller haben einen blauen Rand?**
5. **Wie viele der Kirschen auf Kuchen f haben ein Blatt?**
6. **Wie viele der Kuchenförmchen sind weiß?**
7. **Wie viele der Kuchen haben eine weiße Glasur?**
8. **Wie viele Kirschen liegen auf Kuchen e?**

33 SCHWIERIGKEITSGRAD

Zu schaffen in: 5 Minuten

Finden Sie die acht Unterschiede zwischen den beiden Bildern? Kreisen Sie sie auf dem rechten Bild ein.

34 SCHWIERIGKEITSGRAD ★★★★☆☆☆☆☆☆

Zu schaffen in: 3 Minuten

Welches der Motive (a, b, c oder d) gehört auf das freie Feld?

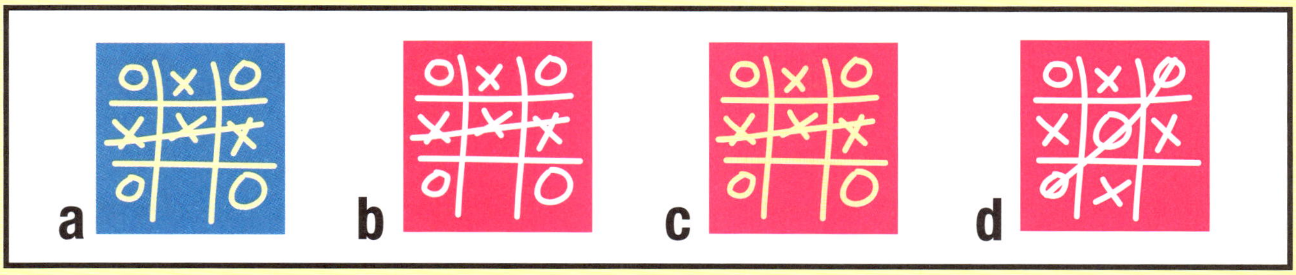

35 SCHWIERIGKEITSGRAD ✪✪✪✪✪✪✪✪✪✪

Zu schaffen in: 5 Minuten

Falten Sie den Streifen unten in Gedanken zu einem Würfel. Welcher kommt dabei heraus (a, b, c, d oder e)?

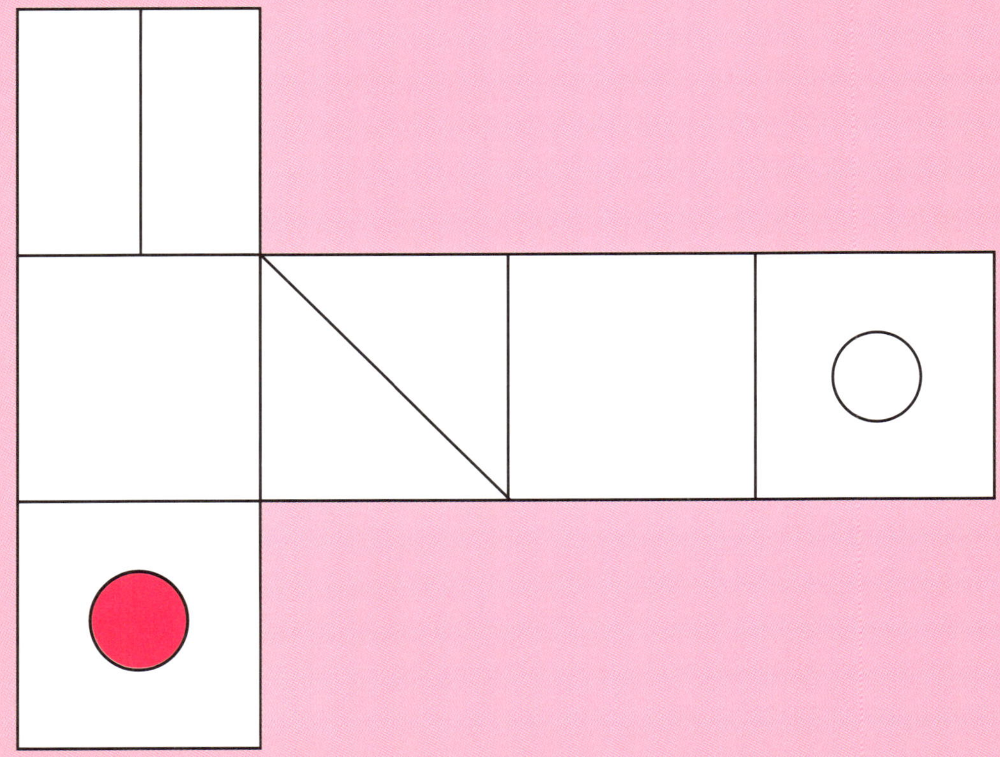

a

b

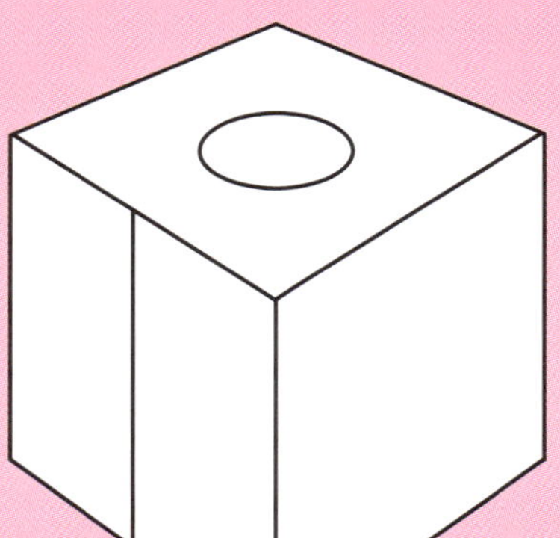

c

d

e

36 SCHWIERIGKEITSGRAD

Zu schaffen in: 3 Minuten

Zwei der grünen Formen lassen sich zu der weißen Form zusammensetzen. Welche sind es? Sie dürfen die Formen drehen, aber nicht spiegeln.

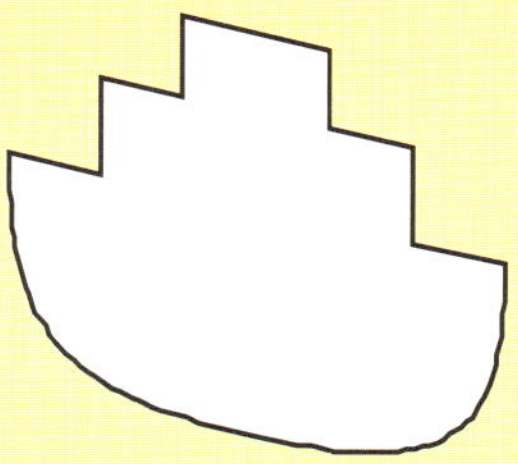

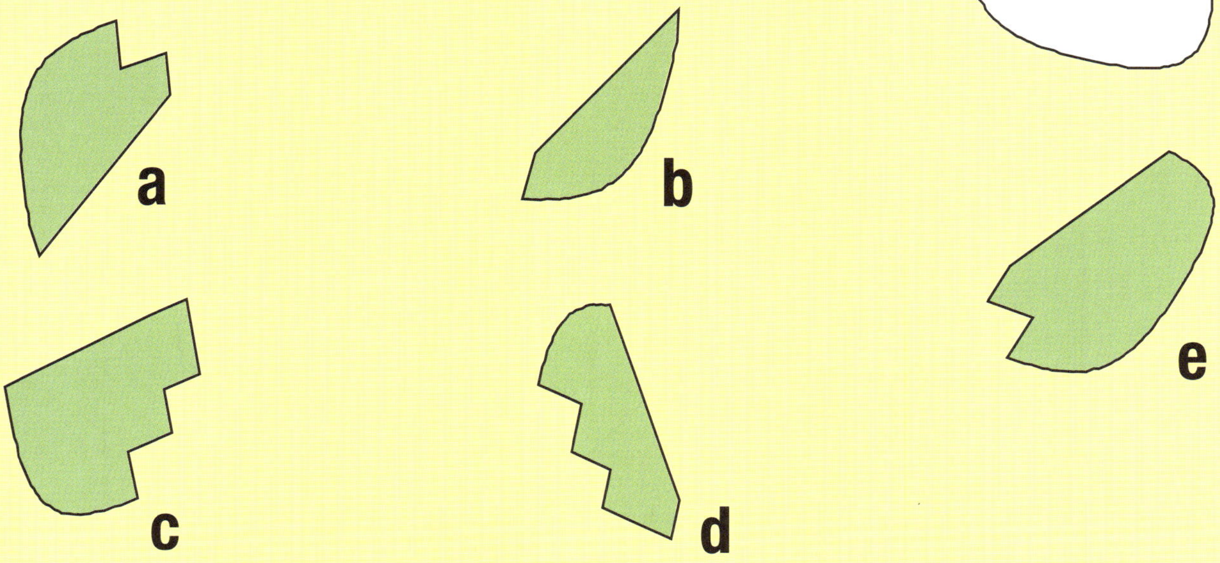

37 SCHWIERIGKEITSGRAD

Zu schaffen in: 5 Minuten

Legen Sie Münzen wie angegeben auf die Felder der oberen Reihe: M bedeutet Motiv, Z Zahl. Verschieben Sie jeweils zwei benachbarte Münzen. Nach vier Zügen sollten die Münzen wie unten angeordnet sein.

38 SCHWIERIGKEITSGRAD

Zu schaffen in: 10 Minuten

Dieses magische Quadrat enthält ein Feld für jede Seite von sechs normalen Würfeln (6 x 6). In jeder waagerechten Reihe, in jeder senkrechten Spalte und in beiden Diagonalen müssen jeweils die 1, die 2, die 3, die 4, die 5 und die 6 auftauchen – doch auf welcher Position? Einige der Würfelseiten wurden schon eingezeichnet, für die anderen gelten folgende Hinweise:

1. **Die Würfelfläche in Feld 3 zeigt dieselbe Augenzahl wie die in Feld 32.**
2. **Die Würfelfläche in Feld 14 zeigt dieselbe Augenzahl wie die in Feld 31.**
3. **Die Würfelfläche in Feld 25 zeigt dieselbe Augenzahl wie die in Feld 36.**

39 SCHWIERIGKEITSGRAD

Zu schaffen in: 5 Minuten

Sie sehen hier fünf Uhren, vier gehen richtig, eine ist kaputt. Welche Uhrzeit müsste die Uhr e zeigen?

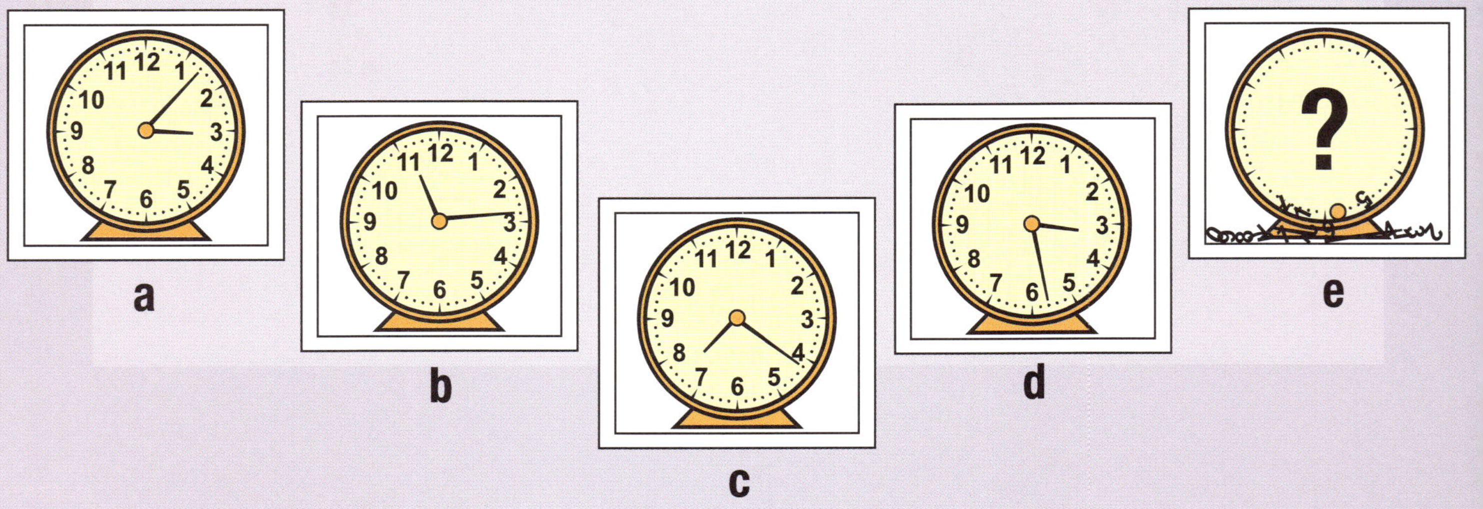

40 SCHWIERIGKEITSGRAD ★★★★★★★☆☆☆

Zu schaffen in: 7 Minuten

Schauen Sie die Bilder genau an. Welches unterscheidet sich von allen anderen?

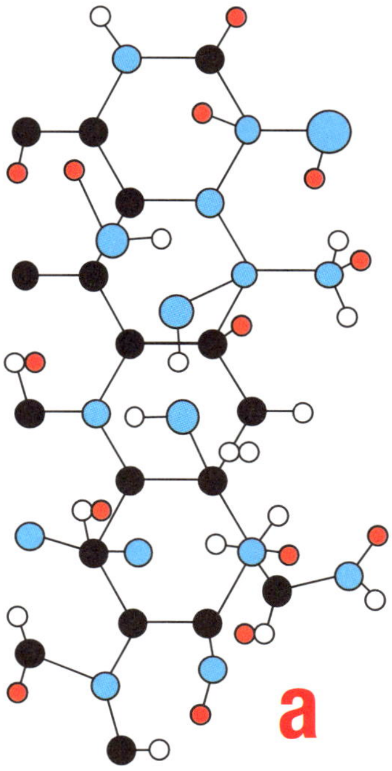

a

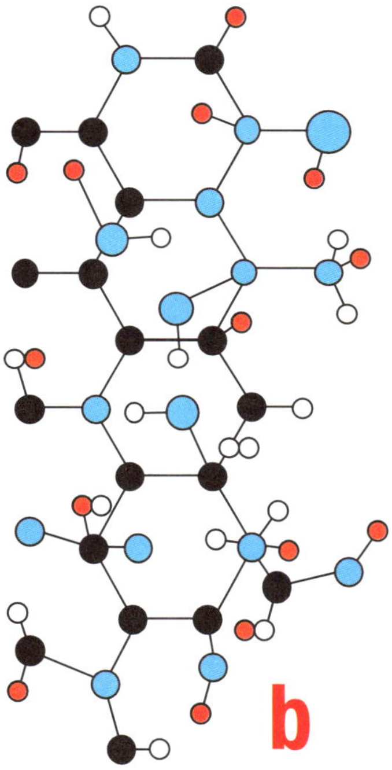

b

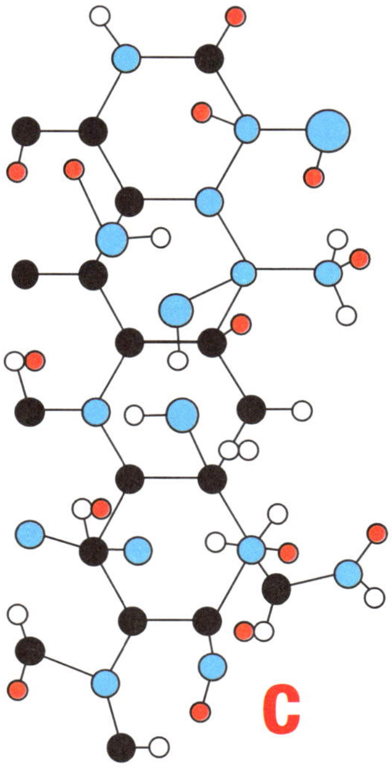

c

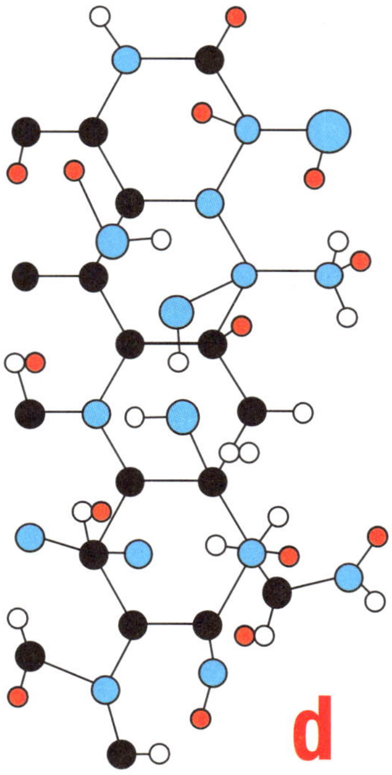

d

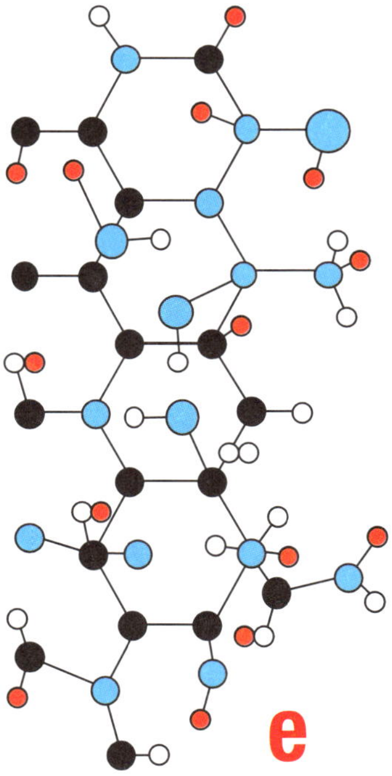

e

41 SCHWIERIGKEITSGRAD ✪✪✪✪✪✩✩✩✩✩

Zu schaffen in: 6 Minuten

Finden Sie den Weg von der Hütte oben bis zum Picknickplatz X.

42 SCHWIERIGKEITSGRAD ✪✪✪✪✪✪✪✪✪✪

Zu schaffen in: 6 Minuten

Finden Sie einen Weg durch die Rohre von oben nach unten, ohne eine Sperre zu durchbrechen.

43 SCHWIERIGKEITSGRAD ★★★★★☆☆☆☆☆

Zu schaffen in: 5 Minuten

Wie viele Farben braucht man mindestens, um die Rechtecke auszumalen, ohne dass sich zwei Felder gleicher Farbe berühren?

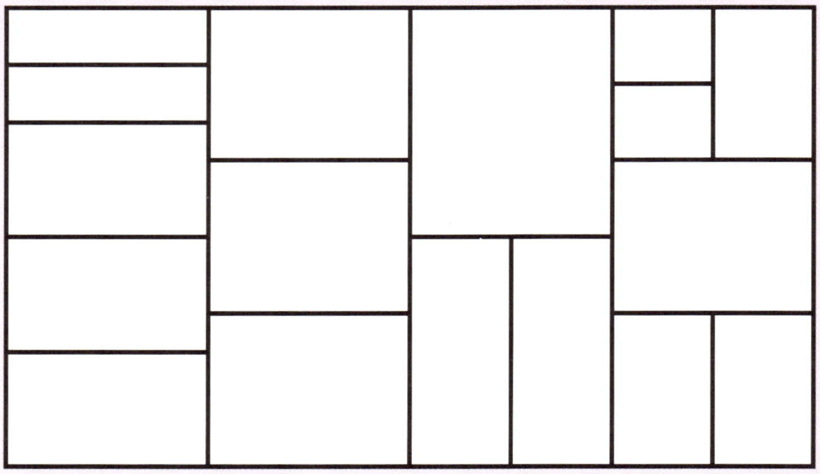

44 SCHWIERIGKEITSGRAD ★★★★★★★★★★

Zu schaffen in: 10 Minuten

Das magische Quadrat unten enthält ein Feld für jede Seite von sechs normalen Würfeln (6 x 6). Alle Felder in einer waagerechten Reihe und alle Felder in einer senkrechten Spalte müssen jeweils eine andere Zahl von Augen zeigen. Das Gleiche gilt für die Diagonale von rechts oben nach links unten. In der Diagonalen von rechts oben nach links unten kommt kein Quadrat mit einer Vier vor, sondern die Quadrate zeigen fünf verschiedene Augenzahlen. Einige Augen wurden schon eingezeichnet. Wenn die Summe der Augen in den vier Eckfeldern 14 beträgt, wie muss dann die Verteilung sein?

45 SCHWIERIGKEITSGRAD ★★★★★★★★☆☆

Zu schaffen in: 12 Minuten

1. **Es gibt nur eine Stelle, an der Sie das Muster a einfügen können. Sie dürfen es drehen, aber nicht spiegeln. Wo gehört Muster a hin?**
2. **Das Muster b ist dagegen an sechs verschiedenen Stellen versteckt. Finden Sie heraus, wo?**

a

b

46 SCHWIERIGKEITSGRAD

Zu schaffen in: 3 Minuten

Finden Sie die sechs Unterschiede zwischen den beiden Bildern? Kreisen Sie sie auf dem rechten Bild ein.

47 SCHWIERIGKEITSGRAD

Zu schaffen in: 6 Minuten

Teilen Sie dieses große Quadrat in vier gleich aussehende Teile, bestehend aus je 16 kleinen Quadraten. Jeder Teil muss allerdings vier unterschiedliche Formen enthalten.

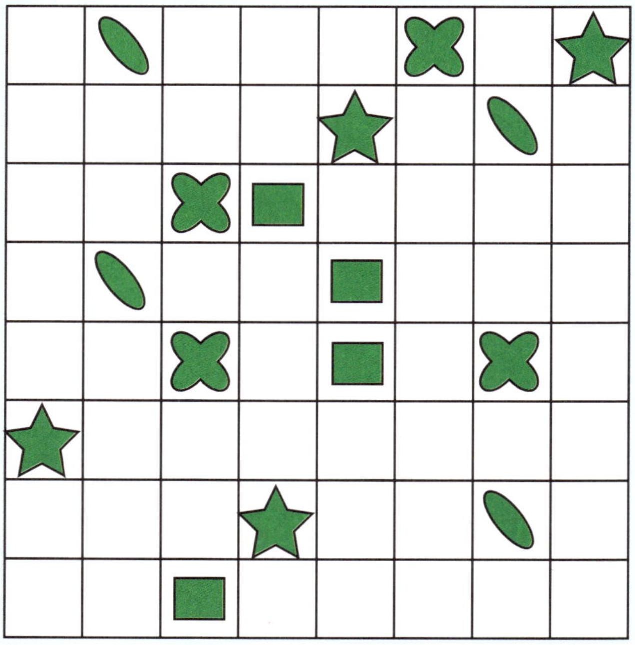

48 SCHWIERIGKEITSGRAD ★★★★★☆☆☆☆☆

Zu schaffen in: 3 Minuten

Welche zwei Schnipsel (a bis e) lassen sich zu einem Stern zusammensetzen? Die Teile dürfen gedreht, aber nicht gespiegelt werden.

a b c d e

49 SCHWIERIGKEITSGRAD ★★★★★★★☆☆☆

Zu schaffen in: 6 Minuten

Die Dominosteine der unteren Reihe können wie gezeigt zu einem Bilderrahmen angeordnet werden – im Beispiel rechts mit 18 Augen auf jeder Seite. Können Sie aus den Steinen unten zwei Rahmen mit jeweils 10 Augen auf jeder Seite legen?

50 SCHWIERIGKEITSGRAD ✪✪✪✪✪✪✩✩✩✩

Zu schaffen in: 6 Minuten

Schieben Sie einen der Dominosteine, auf den ein Pfeil weist, in die Mitte, so dass ein verborgenes Muster sichtbar wird. Welcher der vier muss es sein?

51 SCHWIERIGKEITSGRAD ✪✪✪✪✪✪✪✪✪✪

Zu schaffen in: 7 Minuten

Zwei dieser Vasen sind völlig gleich. Finden Sie heraus, welche? Sie müssen sehr genau hinsehen, denn es könnte sich auch um Spiegelbilder handeln.

52 SCHWIERIGKEITSGRAD ✪✪✪✪✪✪✪✪✪✪

Zu schaffen in: 15 Minuten

Dies ist ein Solitärspiel. Legen Sie vier 10-Cent-Münzen auf die Felder 1 bis 4 und vier 5-Cent-Münzen auf die Felder 5 bis 8. Nun müssen die Münzen die Reihen tauschen: Die Münzen 1 bis 4 müssen auf die Positionen 5 bis 8 und umgekehrt. Auf einem Feld darf immer nur eine Münze liegen.

Wie viele Züge brauchen Sie für die kürzeste Lösung? Ein Zug bedeutet, dass eine Münze in gerade Linie und ohne eine andere zu überspringen bis zum nächsten Feld gezogen wird.

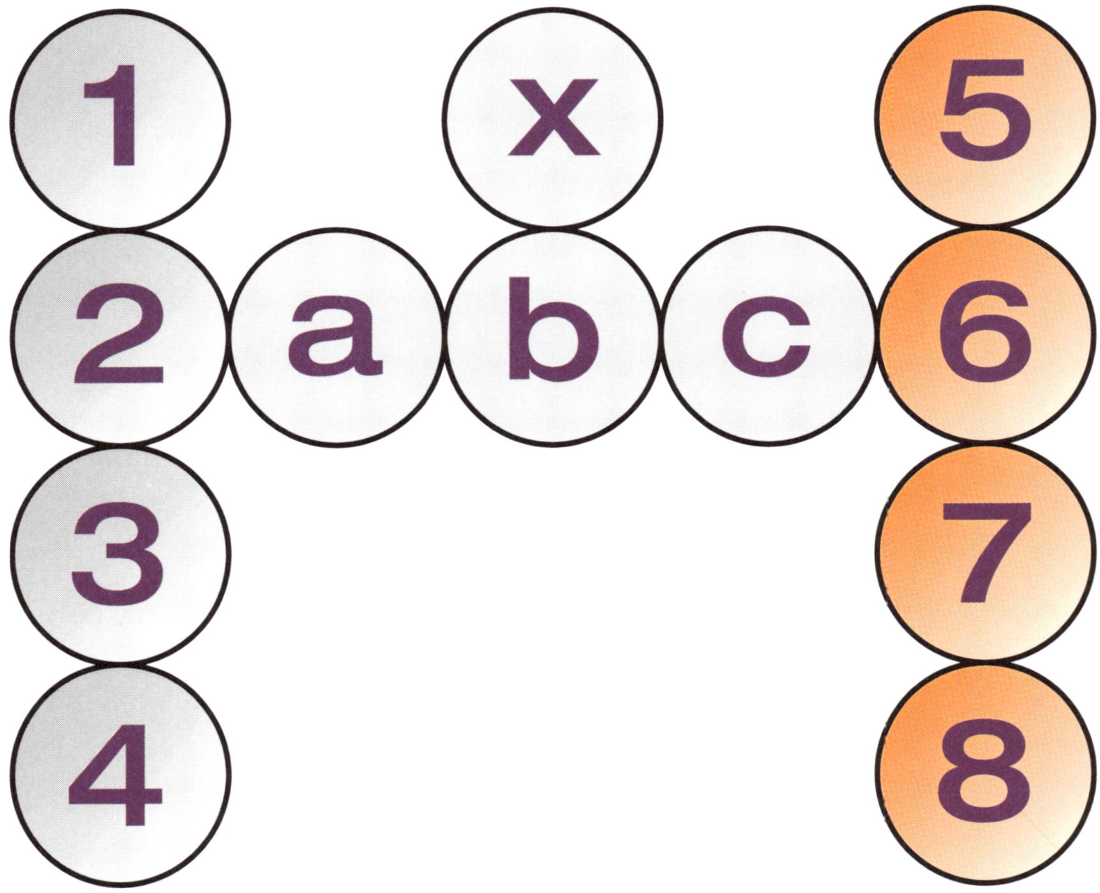

53 SCHWIERIGKEITSGRAD ✪✪✪✪✪✪✪✪✪✪

Zu schaffen in: 30 Minuten

Lassen Sie sich von diesem Nonogramm nicht erschrecken! Auf Seite 11 finden Sie die Erklärung, wie es zu lösen ist.

Column clues:

										1																			
								1	1	3																			
								1	3	1																			
							4	2	2	4						1			1										
			4	3	2	2	4	5	4	2	6					1		2	1		1								
			1	2	2	3	2	1	1	3	2			6		2	1	2	1	1	2	2	2	2	4	4	5	7	12
10	6	5	4	5	4	3	1	2	3	1	7	7	19	12	4	9	2	8	4	2	1	4	3	1	2	1	1	1	1
11	9	10	2	2	2	1	1	1	1	1	1	16	1	1	12	1	13	1	1	2	1	1	1	2	2	2	3	7	11

Row clues:

				11	11
				8	8
			5	3	5
		4	1	2	5
			3	4	3
		2	5	2	2
			1	8	2
			1	5	1
			1	6	1
			1	7	1
			2	3	1
			1	1	1
					7
					12
				8	3
		4	7	2	5
			5	8	4
				6	13
				6	10
			1	10	1
			1	17	1
			8	8	1
			7	9	1
			6	9	2
3	1	3	1	1	2
	3	3	1	1	2
		3	2	2	2
	3	1	3	3	3
				6	6
				11	9

54 SCHWIERIGKEITSGRAD ★★★★★★☆☆☆☆

Zu schaffen in: 6 Minuten

Welcher der Sterne (a, b, c oder d) passt an die offene Stelle?

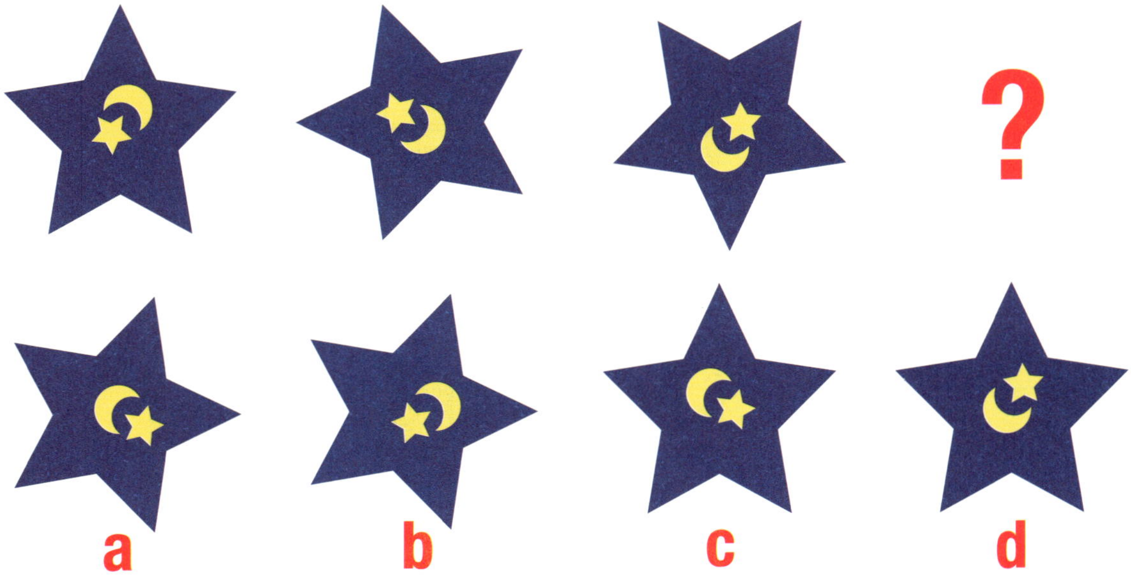

55 SCHWIERIGKEITSGRAD ★★★★★★☆☆☆☆

Zu schaffen in: 6 Minuten

Finden Sie die acht Unterschiede zwischen den beiden Bildern? Kreisen Sie sie auf dem rechten Bild ein.

56 SCHWIERIGKEITSGRAD ★★★☆☆☆☆☆☆☆

Zu schaffen in: 2 Minuten

Welcher Dominostein (a, b, c oder d) gehört an die offene Stelle?

a b c d

57 SCHWIERIGKEITSGRAD ★★★★★★★☆☆☆

Zu schaffen in: 5 Minuten

Wenn Sie herausgefunden haben, welche der beiden Teile (a bis e) Sie zu einem Spiegelbild der Teetasse zusammensetzen können, brauchen Sie sicher eine Pause. Die Teile dürfen gedreht, aber nicht gespiegelt werden.

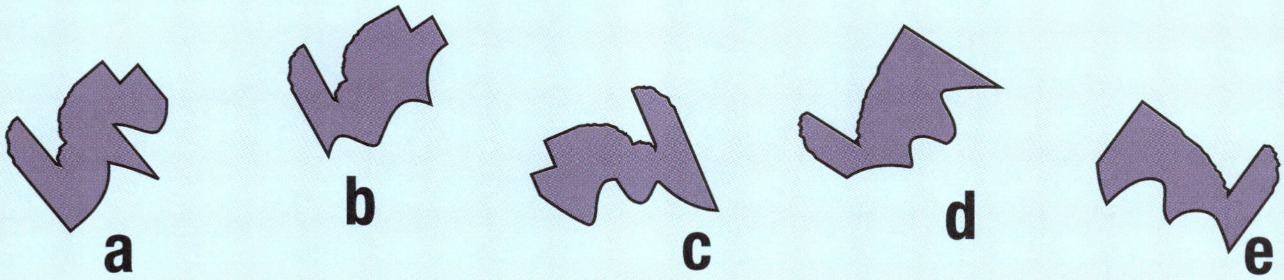

58 SCHWIERIGKEITSGRAD ✪✪✪✪✪✪✪✪✪✪

Zu schaffen in: 7 Minuten

Auf den ersten Blick sehen diese Baumaschinen gleich aus, doch nur zwei davon sind wirklich identisch. Finden Sie rasch heraus, welche das sind. Vorsicht, es könnte sich auch um Spiegelbilder handeln!

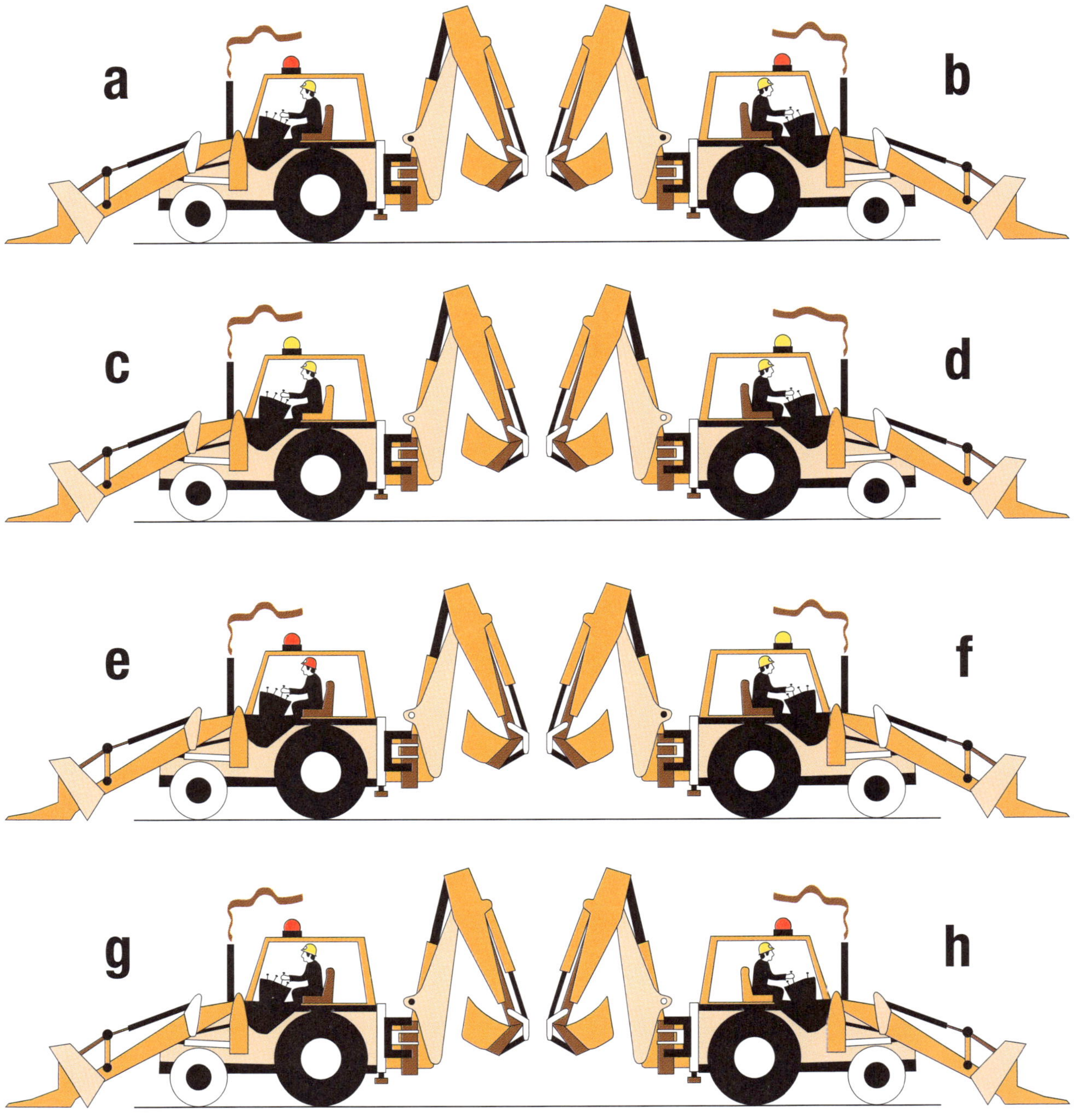

59 SCHWIERIGKEITSGRAD

Zu schaffen in: 4 Minuten

Welcher der vier Zeppeline (a, b, c oder d) gehört an die offene Stelle?

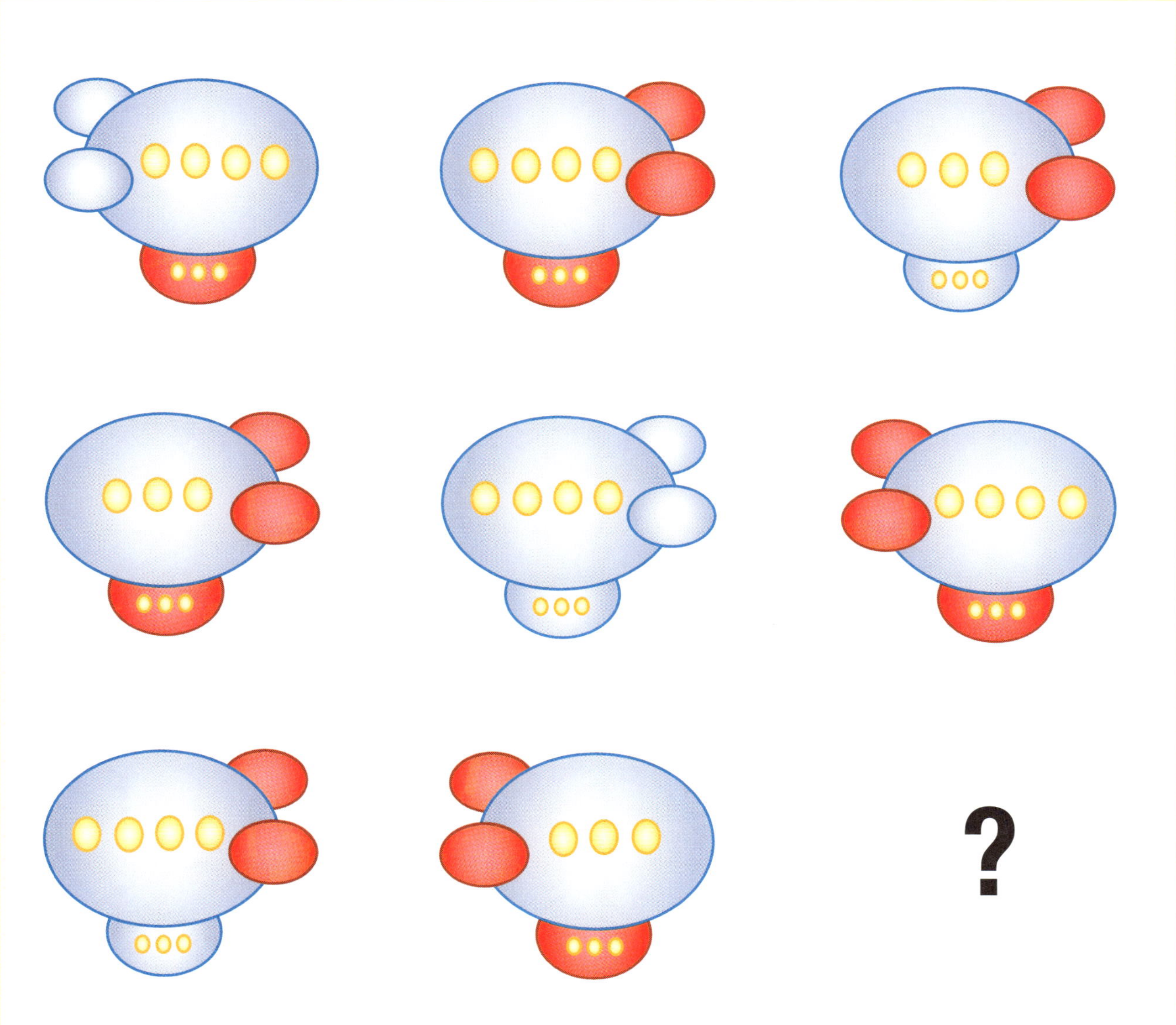

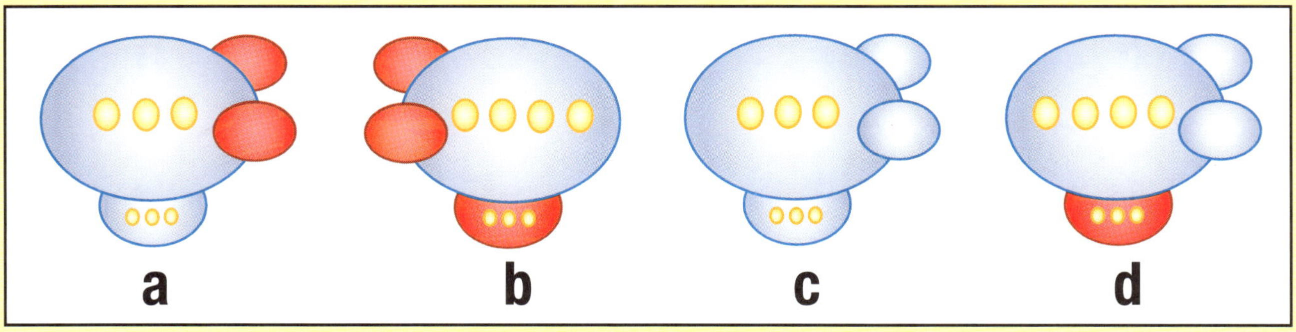

60 SCHWIERIGKEITSGRAD ★★★★★★☆☆☆☆

Zu schaffen in: 5 Minuten

Legen Sie Münzen wie angegeben auf die Felder: M steht für Motiv, Z bedeutet Zahl. Positionieren Sie die Münzen jetzt so um, dass in jeder Reihe nur Motive oder nur Zahlen zu sehen sind. Sie dürfen dabei aber nur eine Münze berühren.

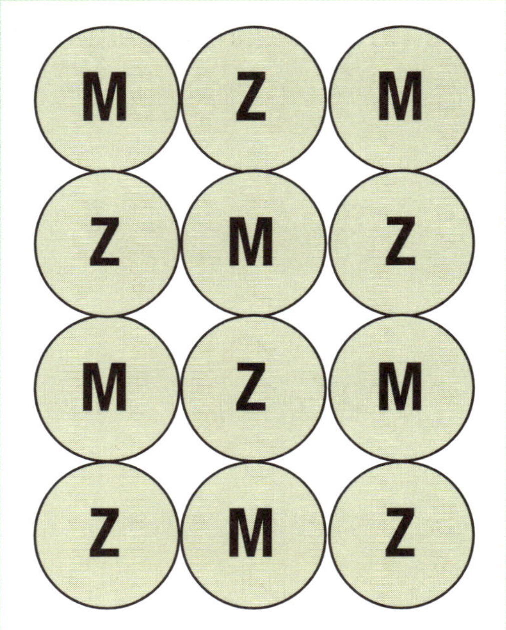

61 SCHWIERIGKEITSGRAD ★★★★★★★☆☆☆

Zu schaffen in: 7 Minuten

Können Sie dieses Schachbrett in vier gleich geformte Teile zerlegen? Jedes Teil soll aus 16 Feldern bestehen und fünf unterschiedliche Schachfiguren enthalten.

62 SCHWIERIGKEITSGRAD ✪✪✪✪✪✪✪✪✪✪

Zu schaffen in: 8 Minuten

Setzen Sie aus einigen Teilen (a bis i) einen solchen Teller zusammen. Sie dürfen die Teile drehen, aber nicht spiegeln.

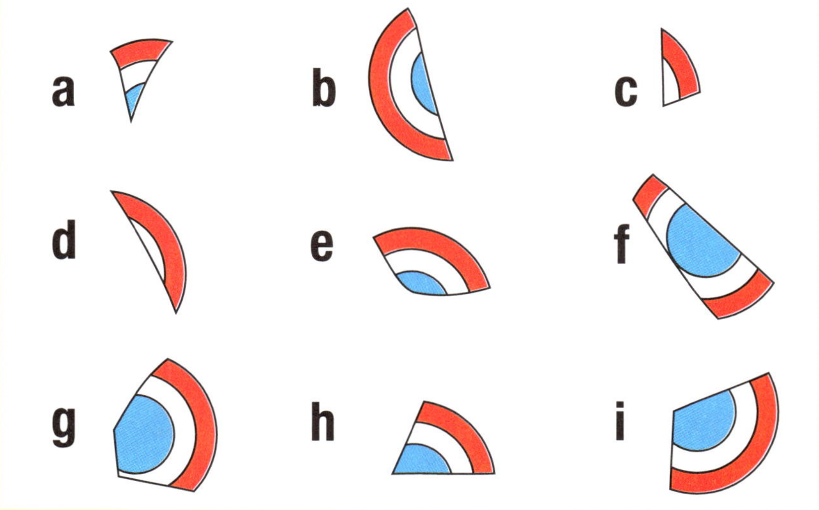

63 SCHWIERIGKEITSGRAD ✪✪✪✪✪☆☆☆☆☆

Zu schaffen in: 3 Minuten

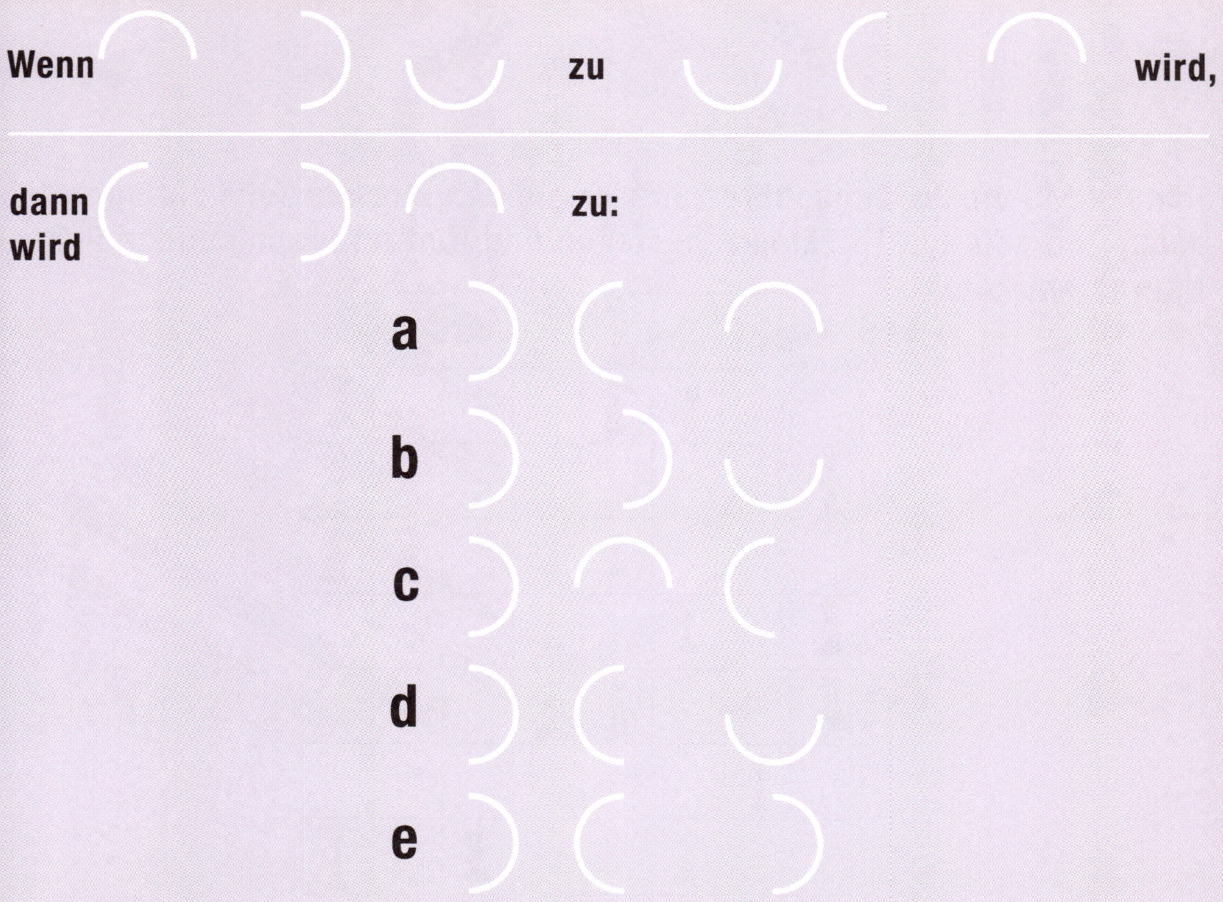

64 SCHWIERIGKEITSGRAD ✪✪✪✪✪✪✪✪✪✪

Zu schaffen in: 6 Minuten

Finden Sie den Weg durch das Labyrinth bis zum Ausgang X.

65 SCHWIERIGKEITSGRAD ★★★★★★★★☆☆

Zu schaffen in: 6 Minuten

Schauen Sie diese Sessel, Lampen und Tische eine Minute lang an, und beantworten Sie dann die Fragen auf Seite 58.

66 SCHWIERIGKEITSGRAD ★★★★★☆☆☆☆☆

Zu schaffen in: 5 Minuten

Finden Sie die acht Unterschiede zwischen diesen beiden Bildern? Kreisen Sie sie auf dem rechten Bild ein.

[65] SCHWIERIGKEITSGRAD

Zu schaffen in: 6 Minuten

Wissen Sie die Antworten, ohne auf Seite 57 nachzusehen?

1. **Welche Farbe hat das Kissen auf Sessel f?**
2. **Welche Farbe haben die Armlehnen von Sessel g?**
3. **Bei wie vielen Lampen sind der Schirm und der Lampenfuß orange?**
4. **Wie viele Sessel haben ein grünes Kissen und eine grüne Sitzfläche?**
5. **Bei wie vielen Sesseln ist die Lehne orange und die Sitzfläche grün?**
6. **Bei wie vielen Lampen sind der Schirm und der Lampenfuß grün?**
7. **Bei wie vielen Lampen sind der Schirm orange und der Lampenfuß grün?**
8. **Welche Farbe hat der Lampenschirm neben Sessel h?**

67 SCHWIERIGKEITSGRAD

Zu schaffen in: 8 Minuten

Sieben der zehn Dominosteine sind aus der Mauer gefallen. Wie passen sie wieder hinein, wenn die Gesamtzahl der Augen in den senkrechten Spalten jeweils 10 beträgt (das Gleiche gilt für die beiden freien Enden rechts und links)? Außerdem ist die Summe der Augen in der zweiten Reihe von oben 16, in der dritten von oben 10.

68 SCHWIERIGKEITSGRAD ★★★★☆☆☆☆☆☆

Zu schaffen in: 4 Minuten

Schauen Sie die Clowns genau an. Welcher unterscheidet sich von allen anderen?

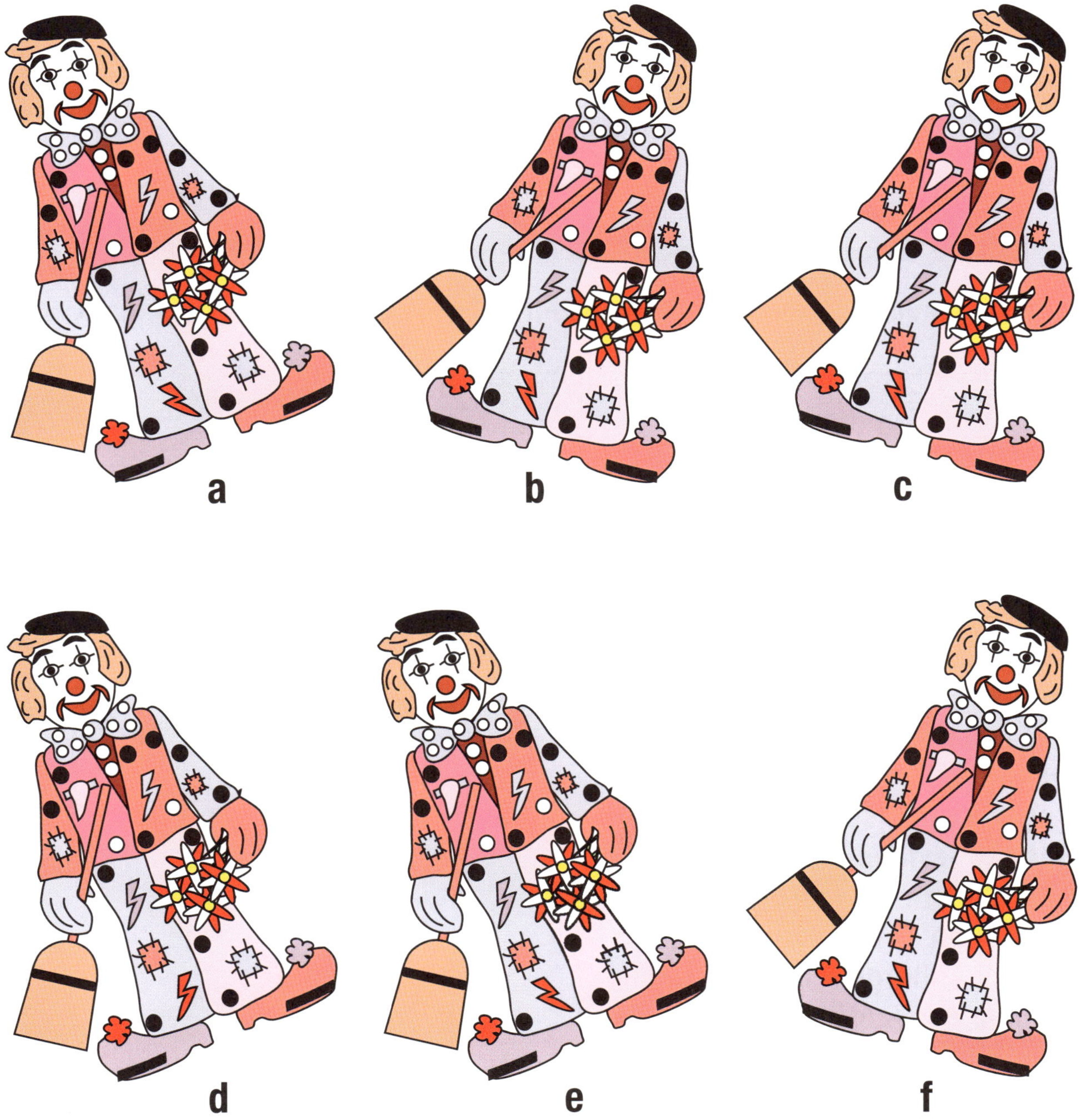

69 SCHWIERIGKEITSGRAD ✪✪✪✪✪✪✪✪✪✪

Zu schaffen in: 4 Minuten

Falten Sie den Streifen unten in Gedanken zu einem Würfel. Welcher kommt dabei heraus (a, b, c, d oder e)?

a

b

c

d

e

70 SCHWIERIGKEITSGRAD ✪✪✪✪✪✪✩✩✩✩

Zu schaffen in: 6 Minuten

Verteilen Sie die 28 Dominosteine so im Spielfeld links, dass sie zu den eingezeichneten Zahlen passen. Die Aufgabe ist schwieriger als Sie vielleicht glauben. Daher haben wir einen Stein eingezeichnet und eine Streichliste (rechts) beigefügt.

2	5	0	1	1	0	6	5
1	5	6	2	2	4	2	0
1	6	2	0	3	3	4	1
4	6	4	4	3	3	0	4
2	3	3	2	0	5	5	3
3	5	6	6	5	2	0	0
1	4	5	1	6	6	4	1

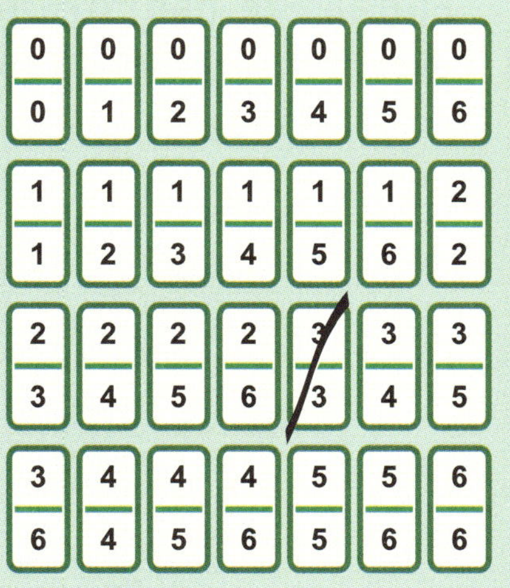

71 SCHWIERIGKEITSGRAD ✪✪✪✪✪✩✩✩✩✩

Zu schaffen in: 4 Minuten

Verbinden Sie die Federn mit den genau dazu passenden Pfeilspitzen. Wenn alles richtig ist, kommt ein Name heraus.

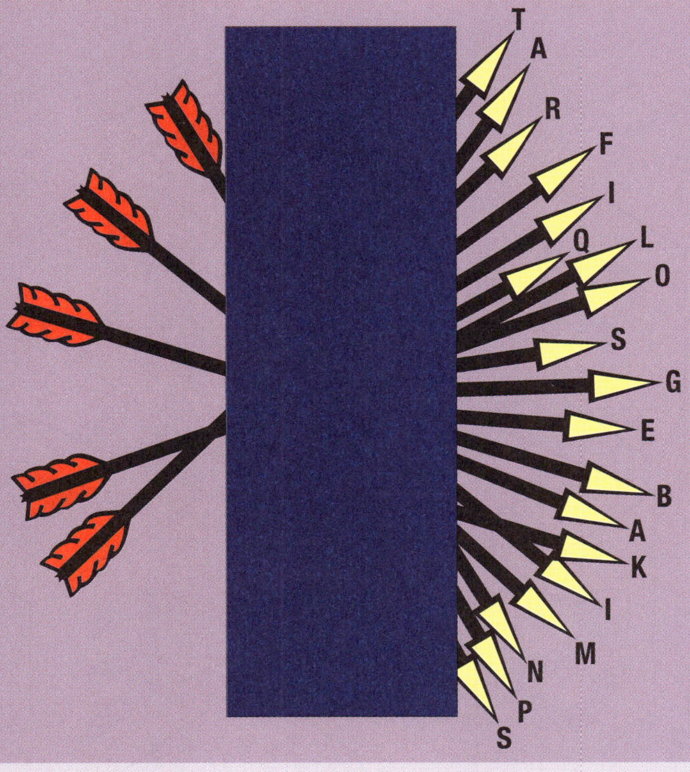

72 SCHWIERIGKEITSGRAD ✪✪✪✪✪✪✪✪✪✪

Zu schaffen in: 7 Minuten

Auf den ersten Blick sehen alle Kleider gleich aus, dabei sind nur zwei identisch. Welche beiden sind das?

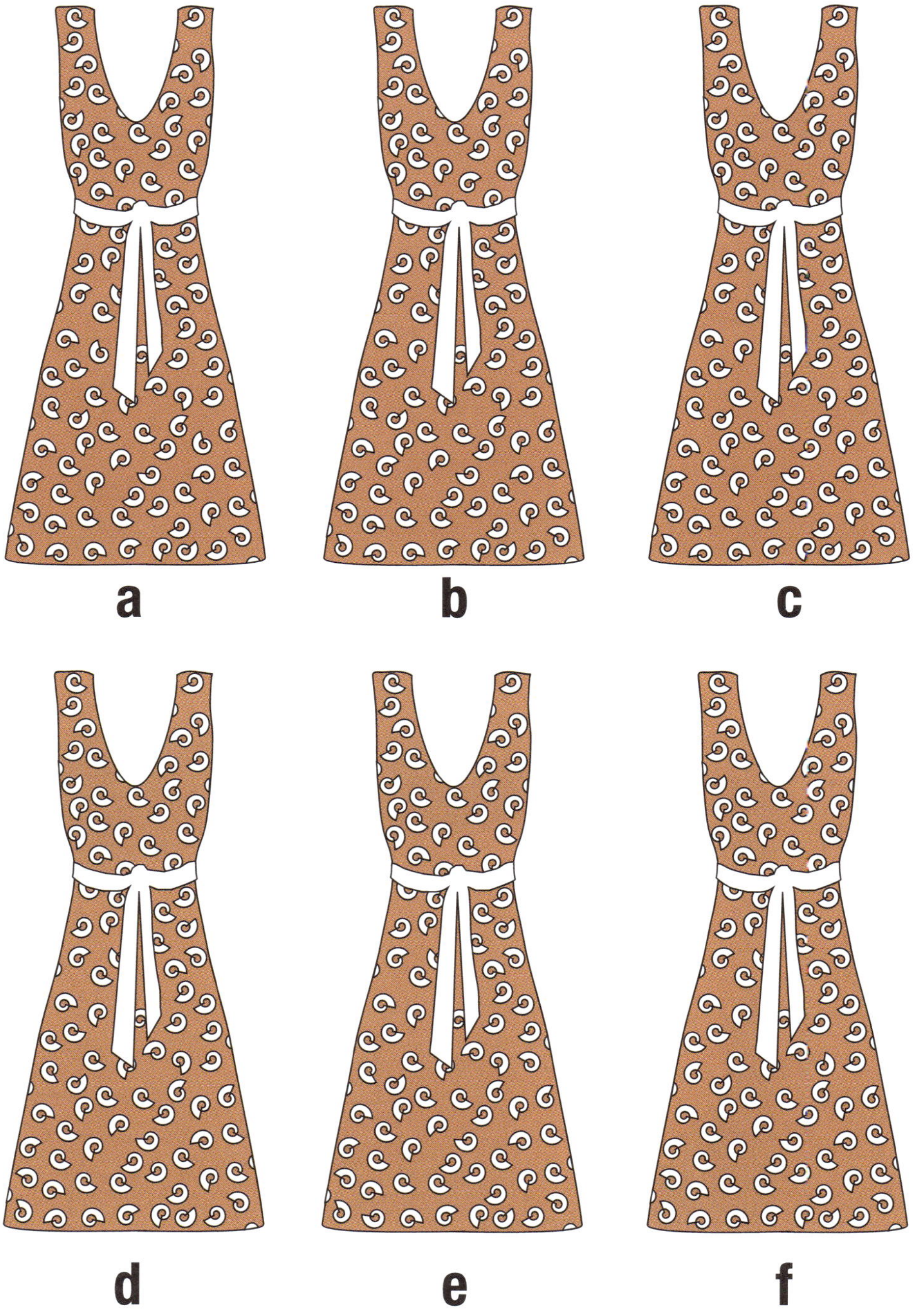

73 SCHWIERIGKEITSGRAD ★★★☆☆☆☆☆☆☆

Zu schaffen in: 2 Minuten

Wenn  **zu**  **wird,**

dann wird 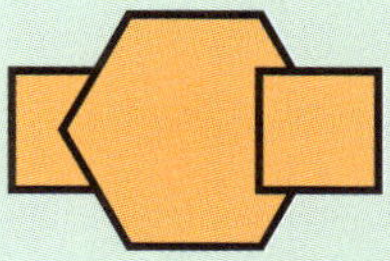 **zu:**

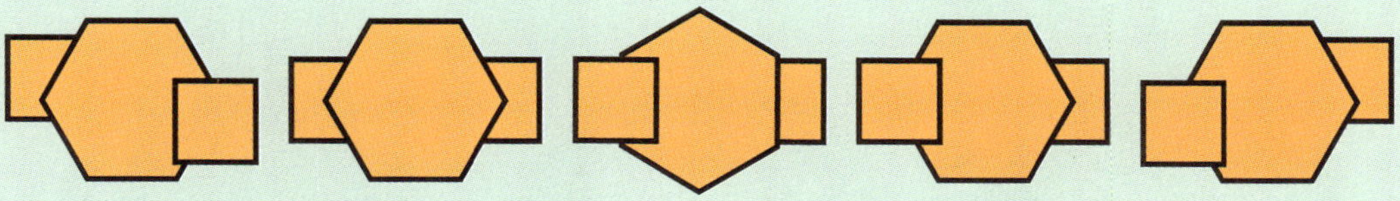

a b c d e

74 SCHWIERIGKEITSGRAD ★★★★★☆☆☆☆☆

Zu schaffen in: 5 Minuten

Können Sie diese vereinfachte Karte der USA mit vier Farben so ausmalen, dass an keiner Stelle zwei Länder, die aneinander grenzen, dieselbe Farbe haben?

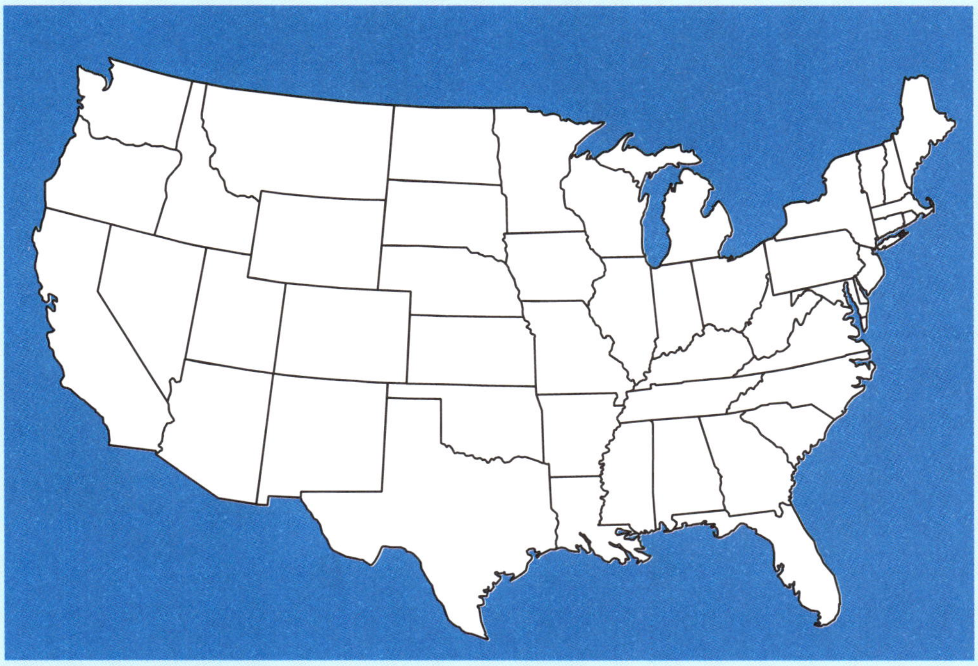

75 SCHWIERIGKEITSGRAD

Zu schaffen in: 4 Minuten

Welches der Schilder unten (a, b, c oder d) passt an die offene Stelle?

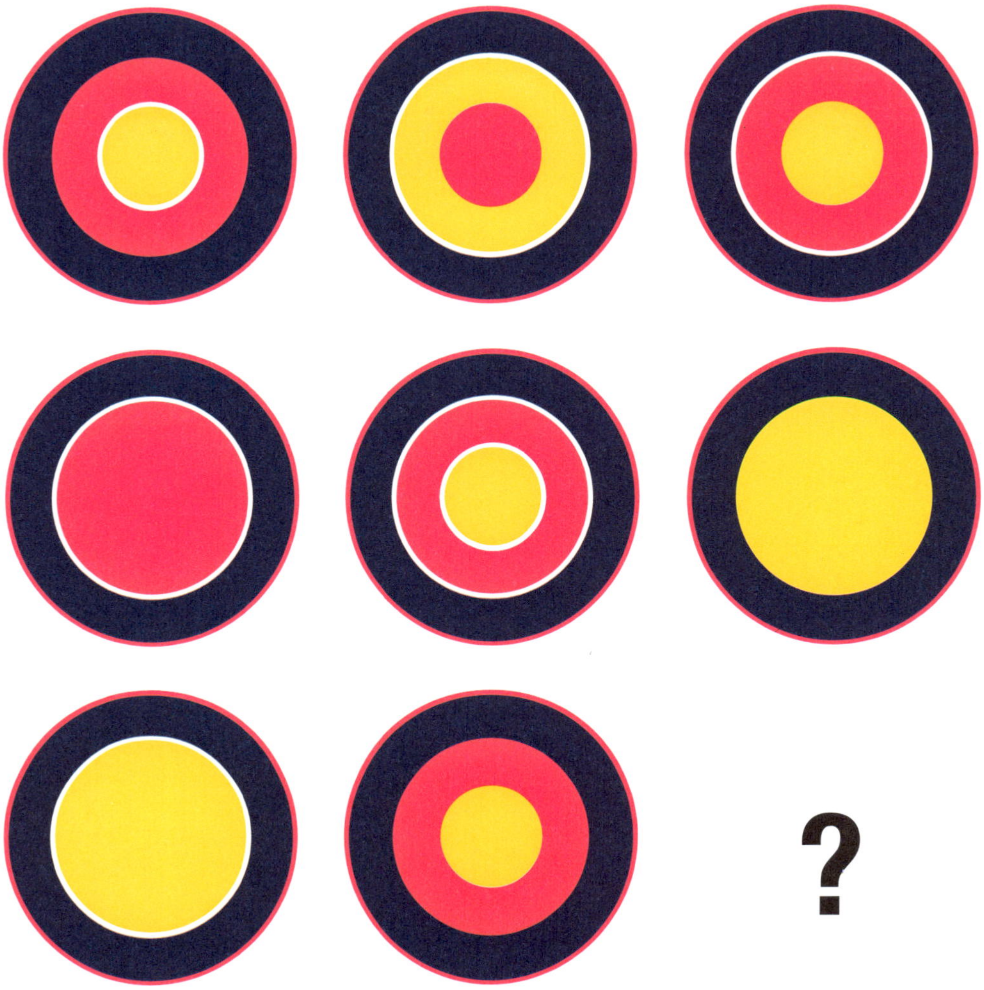

a **b** **c** **d**

76 SCHWIERIGKEITSGRAD ✪✪✪✪✪✪✪✪✪✪

Zu schaffen in: 30 Minuten

Ein Vöglein hat uns zugezwitschert, dass dieses Nonogramm auf eine Lösung wartet. Schauen Sie auf S. 11 nach, wie man es löst.

Spaltenvorgaben (von links nach rechts, jeweils von oben nach unten):

Spalte	Vorgaben
1	1 22
2	2 17
3	2 12
4	2 9
5	2 2 6 5
6	2 3 3 4
7	2 1 1 2 4
8	2 2 2 5
9	3 4 2 2 2
10	4 7 3 3
11	14 2 4
12	15 1 2 2
13	11 3 2
14	11 2 2
15	11 1 3
16	12 2
17	12 1
18	13
19	13
20	14
21	6 7
22	4 8
23	3 2 5
24	3 2 2
25	2 2 2
26	1 1
27	1
28	2
29	2
30	1

Zeilenvorgaben (von oben nach unten):

Zeile	Vorgaben
1	5
2	7
3	1 4
4	4 1 3
5	3 2
6	1 2
7	1 4
8	1 8
9	1 11
10	1 2 9
11	1 1 10
12	1 1 10
13	1 1 11
14	2 1 11
15	2 2 12
16	2 1 13
17	2 2 14
18	2 2 13
19	3 2 6 3
20	3 12 6
21	3 2 2 5 3
22	4 2 2 6
23	4 2 2 8
24	4 2 2 3 4
25	15 3
26	13 4
27	8 3
28	6 3
29	5 4
30	4 1 1

77 SCHWIERIGKEITSGRAD ★★★★★★★☆☆☆

Zu schaffen in: 5 Minuten

Peter verkauft seine Waren auf dem Wochenmarkt. Eines Tages hat er mit seinen Stammkunden ein Spiel gespielt. Fünf von ihnen haben jeweils zweimal gewürfelt. Rechts sehen Sie ihre Augenzahlen und was sie dafür bekommen haben. Nur Marias Gewinn ist noch offen, Sie sehen nur, was sie gewürfelt hat. Finden Sie heraus, wie Peter berechnet hat, was jeder Kunde bekommt, und überlegen Sie, wie viele Brote und Fische er Maria geben muss.

Andreas
= 8 Brote
und 2 Fische

Oliver
= 4 Brote
und 2 Fische

Elisabeth
= 6 Brote
und 12 Fische

Marco
= 8 Brote
und 6 Fische

Maria
= ? Brote
und ? Fische

78 SCHWIERIGKEITSGRAD ★★★★★★★☆☆☆

Zu schaffen in: 5 Minuten

Finden Sie die acht Unterschiede zwischen den beiden Bildern? Kreisen Sie sie auf dem rechten Bild ein.

79 SCHWIERIGKEITSGRAD

Zu schaffen in: 5 Minuten

Dies ist der Sitzplan für einen Kindergeburtstag. Schauen Sie ihn eine Minute lang sorgfältig an, und beantworten Sie dann die Fragen auf Seite 68, ohne zurückzublättern.

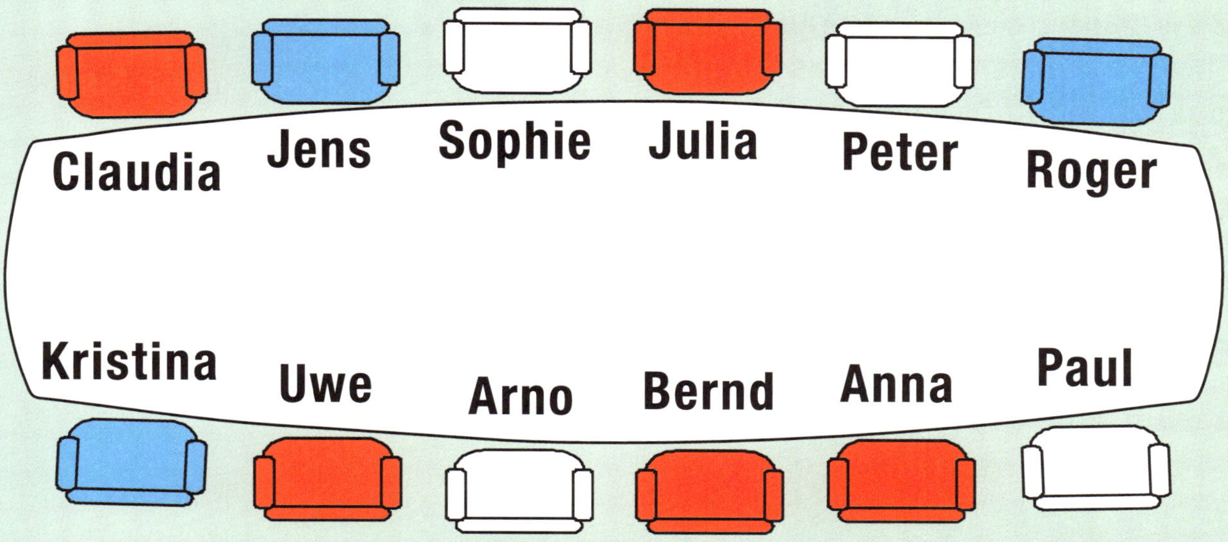

80 SCHWIERIGKEITSGRAD

Zu schaffen in: 5 Minuten

Schauen Sie diese Blumenvasen eine Minute lang genau an, und beantworten Sie dann die Fragen auf Seite 68 aus dem Gedächtnis.

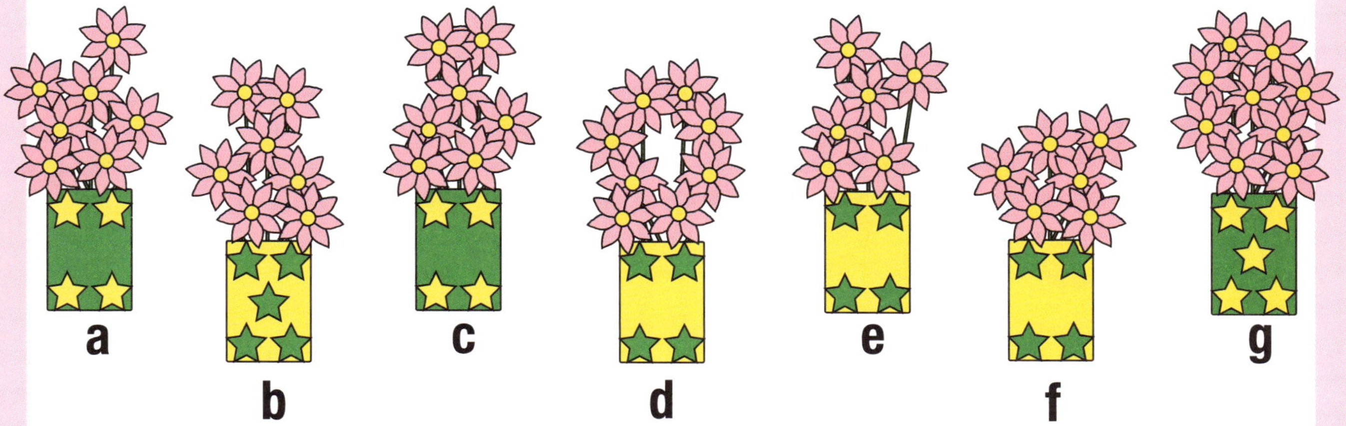

[79] SCHWIERIGKEITSGRAD ✪✪✪✪✪✪✪✪✪✪

Zu schaffen in: 5 Minuten

Können Sie diese Fragen beantworten, ohne auf der Seite 67 oben nachzusehen?

1. Wer sitzt zwischen Arno und Anna?
2. Wer sitzt direkt gegenüber von Paul?
3. Welcher Junge hat den kürzesten Namen?
4. Welche Farbe hat Sophies Stuhl?
5. Wie viele der Stühle sind rot?
6. Wie viele der Stühle sind weiß?
7. Wie viele Kinder haben einen Namen, der mit a, e, i, o oder u endet?
8. Wie viele Kinder sitzen zwischen Claudia und Peter (und auf derselben Seite des Tisches)?

[80] SCHWIERIGKEITSGRAD ✪✪✪✪✪✪✪✪✪✪

Zu schaffen in: 5 Minuten

Können Sie diese Fragen beantworten, ohne auf Seite 67 unten nachzusehen?

1. In welchen beiden Vasen stecken sechs Blumen?
2. In welcher Vase stecken die meisten Blumen?
3. Wie viele Vasen sind grün mit gelben Sternen?
4. Wie viele grünen Vasen haben fünf gelbe Sterne?
5. In wie vielen gelben Vasen stecken sieben Blumen?
6. Wie viele Blütenblätter haben die Blüten?
7. In wie vielen Vasen stecken acht Blumen?
8. Wie viele Sterne sind auf allen Vasen zusammen zu sehen?

81 SCHWIERIGKEITSGRAD ✪✪✪✪✪✪✪✪✪✪

Zu schaffen in: 8 Minuten

Finden Sie einen Weg durch das Labyrinth (von links nach rechts).

82 SCHWIERIGKEITSGRAD ✪✪✪✪✪✪✪✪✪✪

Zu schaffen in: 12 Minuten

Wie oft passt das Stück a in das Bild oben? Sie dürfen es drehen, aber nicht spiegeln. Stück b passt nur einmal hinein. Finden Sie die Stelle?

83 SCHWIERIGKEITSGRAD ✪✪✪✪✪✪✪✪✪✪

Zu schaffen in: 7 Minuten

Einer der Briefstapel unterscheidet sich von allen anderen. Welcher der Stapel ist es?

a

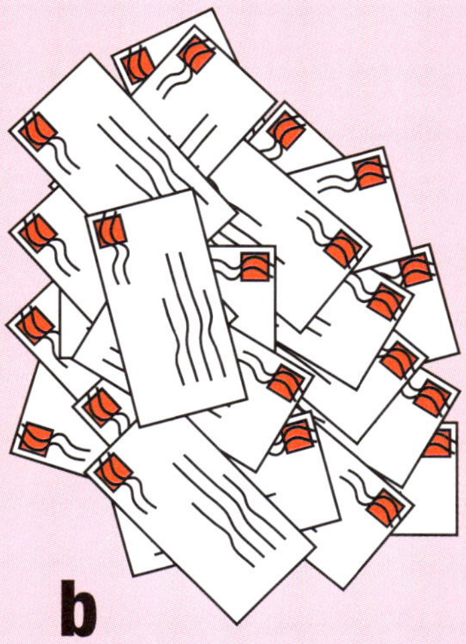

b

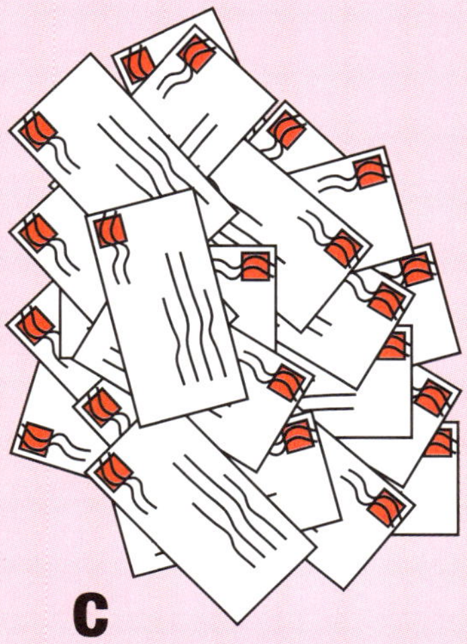

c

d

e

f

84 SCHWIERIGKEITSGRAD ✪✪✪✪✪✪✪✪✪✪

Zu schaffen in: 30 Minuten

Brennen Sie nicht schon darauf, dieses Nonogramm zu entschlüsseln? Schauen Sie auf S. 11 nach, wie es gelöst werden kann.

												3	4																
												3	11				3												
							1					10	1	1		4	3					1							
	4	1	2			2	3	5			4	1	2	2		11	10	4			4	3	2			2	1	4	
	1	11	9	1	1	11	10	11	1	1	11	2	1	1	1	1	1	11	1	1	11	10	11	1	1	9	11	1	
5	4	4	3	2	2	3	3	3	3	3	2	1	1	1	2	3	2	2	3	3	3	3	3	2	2	3	4	4	5
5	5	5	6	7	7	6	5	6	6	6	7	1	1	1	7	4	1	7	6	6	6	6	6	7	7	6	5	5	5

							1	1	1
						1	1	1	1
				1	2	3	3	2	1
2	1	1	1	1	1	1	1	1	2
1	1	3	1	1	1	1	3	1	1
				3	1	3	3	1	3
				1	1	1	1	1	1
		2	1	1	1	1	1	1	2
		2	3	1	1	1	1	3	2
				2	3	3	3	3	2
							2	18	2
						7	3	3	7
				3	3	3	3	3	3
		1	2	3	3	3	3	2	1
		1	2	3	3	3	3	2	1
		1	2	3	3	3	3	2	1
				2	3	3	3	3	2
				3	3	3	3	3	3
						4	3	3	4
								6	6
					1	2	20	2	1
			2	1	6	2	6	1	2
				6	4	2	2	4	6
							7	8	7
							12	2	12
							13	1	11
							10	2	10
							9	4	9
							7	2	7
									15

85 SCHWIERIGKEITSGRAD

Zu schaffen in: 5 Minuten

Falten Sie den Streifen unten in Gedanken zu einem Würfel. Welcher kommt dabei heraus (a, b, c, d oder e)?

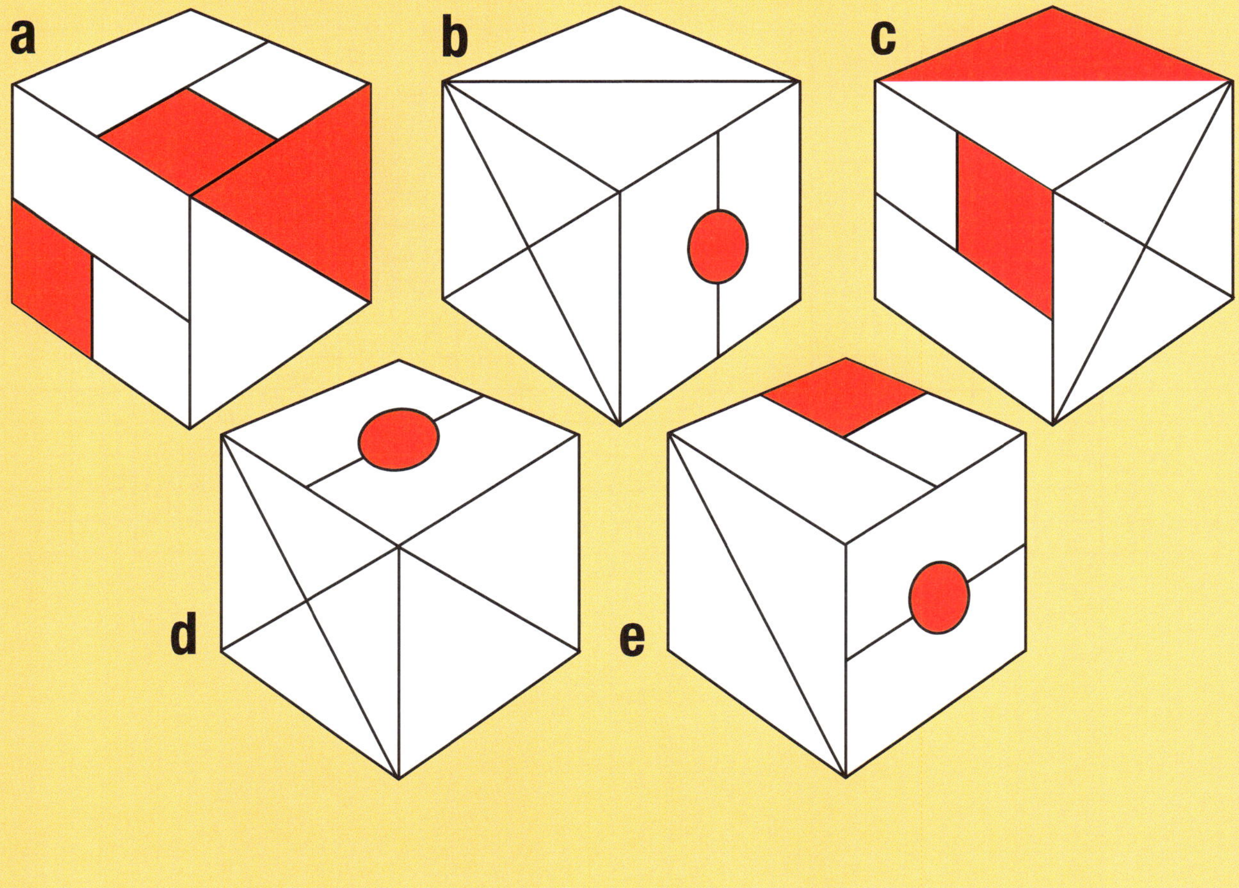

86 SCHWIERIGKEITSGRAD ✪✪✪✪✪✪✪✪✪✪

Zu schaffen in: 7 Minuten

Florence spielt mit ihrem Bruder Tom das Leiterspiel. Er würfelt als Erster eine 6 und darf anfangen. Tom stellt seinen Stein auf die 6. Danach würfelt Florence und hat immer nacheinander 6, 5, 4, 3, 2 und 1. Ihr erster Wurf geht also auf die 6, der zweite auf die 11 usw. Nach seiner ersten 6 würfelt Tom immer 1, 2, 3, 4, 5 und 6, d. h. nach dem zweiten Wurf steht sein Stein auf der 7, dann auf der 9 usw. Wer am Fuß einer Leiter landet, darf aufsteigen. Wer auf dem Kopf einer Schlange landet, muss bis zu ihrem Schwanz absteigen. Beim letzten Wurf muss die Augenzahl nur reichen, um über 100 zu kommen. Wer hat gewonnen, Tom oder Florence?

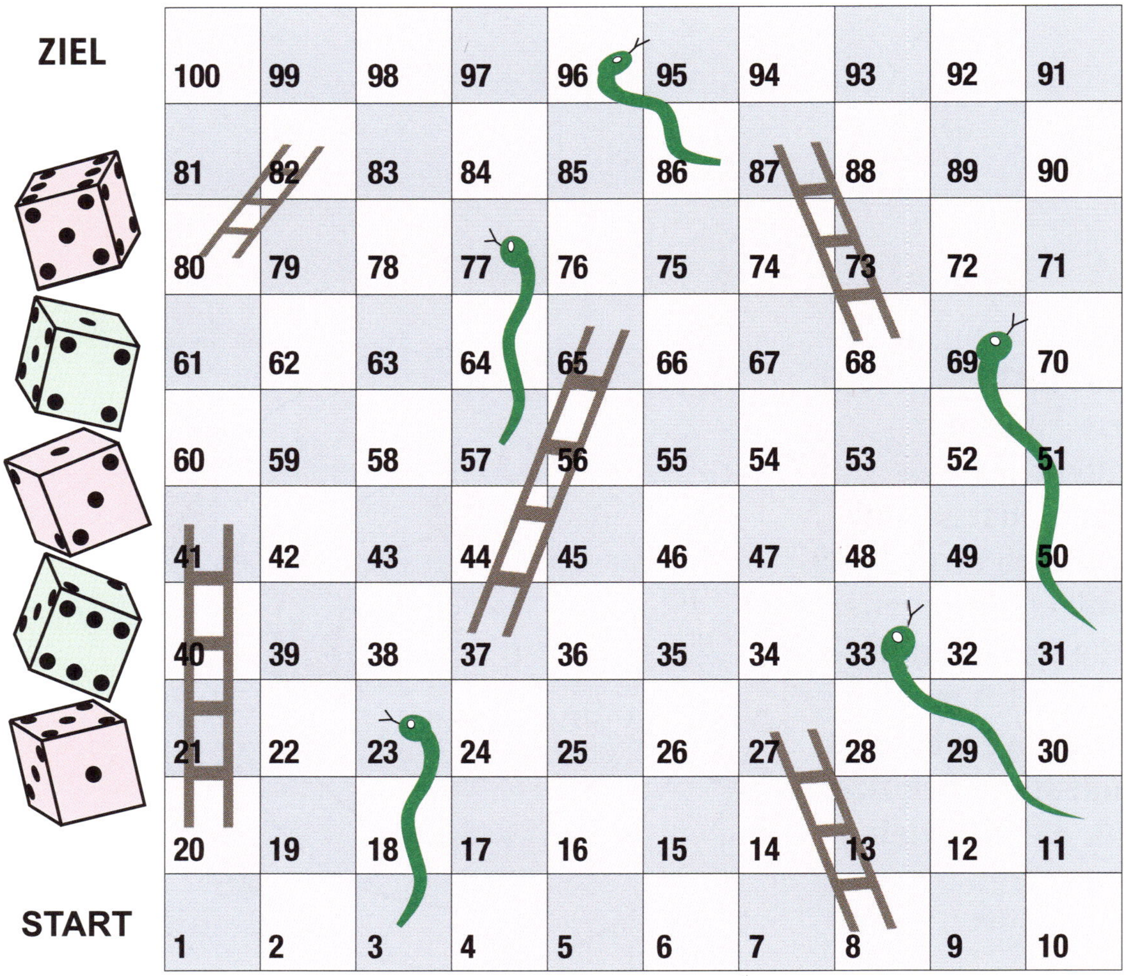

87 SCHWIERIGKEITSGRAD ✪✪✪✪✪✪✪✪✪✪

Zu schaffen in: 6 Minuten

Welche Farbe muss das Dreieck in der Mitte haben?

88 SCHWIERIGKEITSGRAD ✪✪✪✪✪✪✪✪✪✪

Zu schaffen in: 7 Minuten

Es ist nicht möglich, diese Figur mit weniger als vier Farben auszumalen, wenn sich nirgendwo zwei Felder gleicher Farbe berühren dürfen. Wie oft muss man die vierte Farbe aber mindestens benutzen (d. h. auf wie vielen Feldern)?

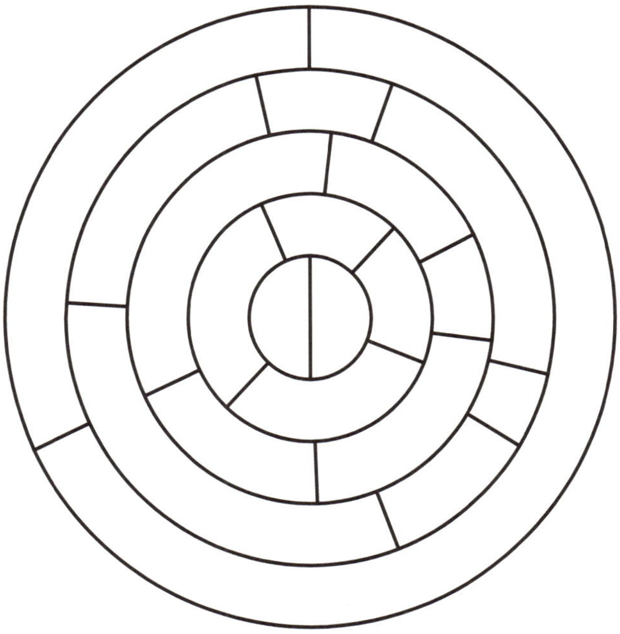

89 SCHWIERIGKEITSGRAD

Zu schaffen in: 4 Minuten

Welcher der Hunde (a, b, c, oder d) gehört an die offene Stelle?

90 SCHWIERIGKEITSGRAD

Zu schaffen in: 4 Minuten

Legen Sie Münzen auf die Felder. Durch das Umpositionieren von nur einer Münze lässt sich erreichen, dass zwei Reihen mit je vier Münzen entstehen.

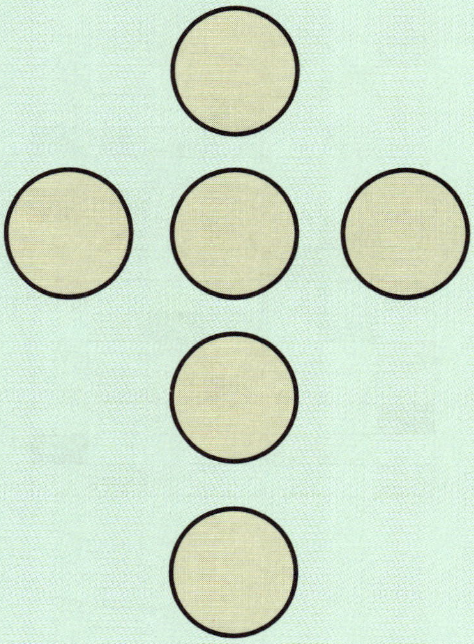

91 SCHWIERIGKEITSGRAD ✪✪✪✪✪✪✪✪✪✪

Zu schaffen in: 10 Minuten

Zwei der Ziegelsteinmauern sind genau gleich. Finden Sie heraus, welche beiden es sind.

a

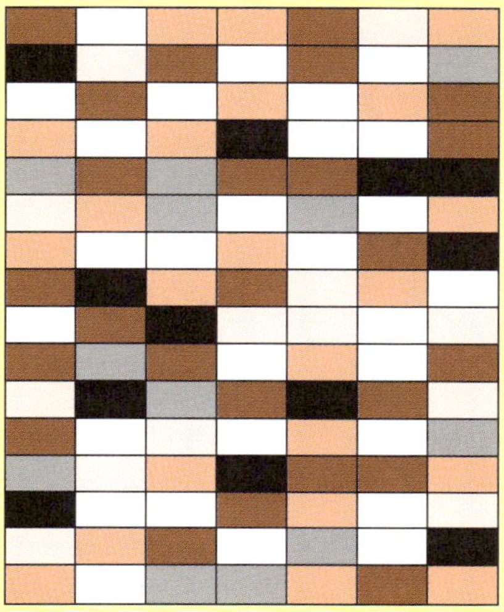

b

c

d

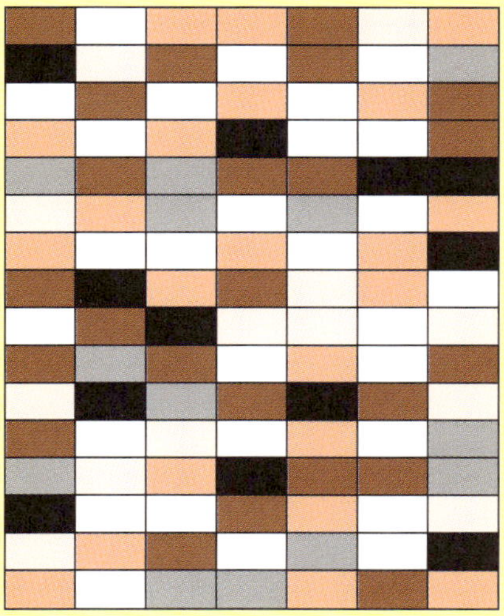

e

f

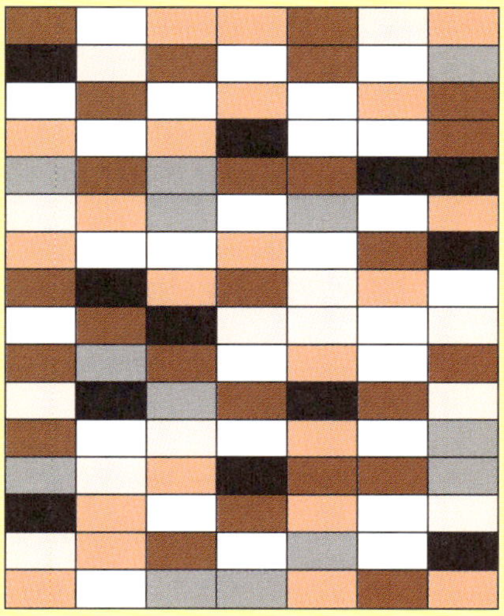

92 SCHWIERIGKEITSGRAD ★★★★★★☆☆☆☆

Zu schaffen in: 6 Minuten

Finden Sie die acht Unterschiede zwischen den beiden Bildern? Kreisen Sie sie auf dem rechten Bild ein.

93 SCHWIERIGKEITSGRAD ★★★★★★★★★☆

Zu schaffen in: 7 Minuten

Aus welchen drei Stücken können Sie die Blume rechts zusammensetzen?

a 

b 

c 

d 

e 

f 

g 

h 

94 SCHWIERIGKEITSGRAD ✪✪✪✪✩✩✩✩✩✩

Zu schaffen in: 5 Minuten

Können Sie das Kleeblatt mit zwei geraden Linien so in vier Teile zerlegen, dass jeder Teil Blüten in sechs unterschiedlichen Farben enthält?

95 SCHWIERIGKEITSGRAD ✪✪✪✪✪✩✩✩✩✩

Zu schaffen in: 3 Minuten

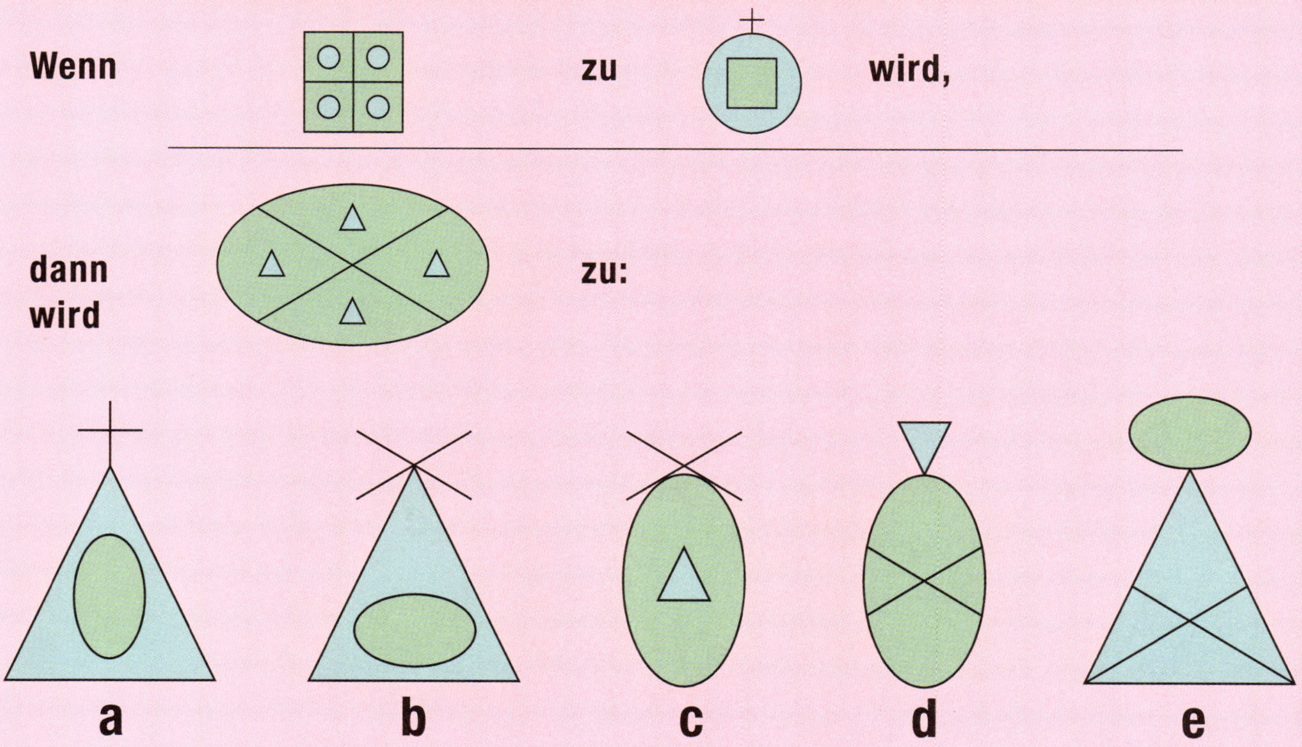

96 SCHWIERIGKEITSGRAD

Zu schaffen in: 7 Minuten

Bob der Bäcker sollte sechs identische Kuchen backen, hat sich bei einem allerdings vertan – welcher Kuchen unterscheidet sich von den anderen?

a

b

c

d

e

f

97 SCHWIERIGKEITSGRAD

Zu schaffen in: 6 Minuten

Welches der vier Abzeichen (a, b, c oder d) gehört an die offene Stelle?

98 SCHWIERIGKEITSGRAD ★★★★★★☆☆☆☆

Zu schaffen in: 5 Minuten

Legen Sie drei Münzen so zusammen, dass sie sich alle berühren. Das ist leicht.

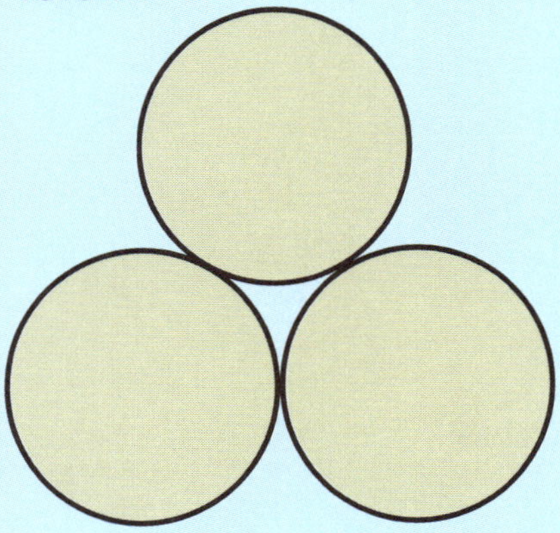

Nun stellen Sie vier Münzen so zusammen, dass sie sich alle berühren. Das ist nicht sehr schwierig.

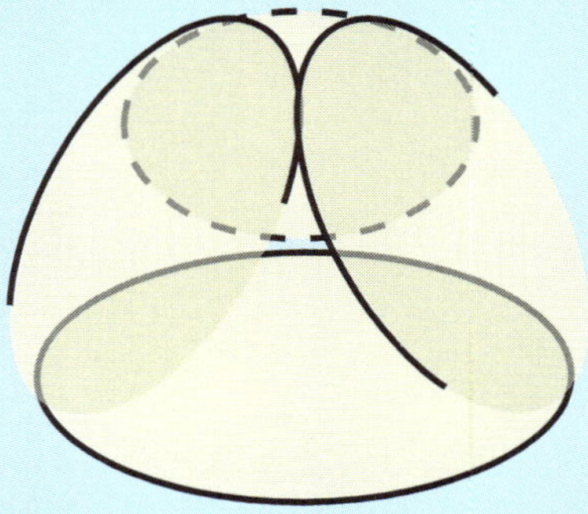

Können Sie auch fünf Münzen so arrangieren, dass sie sich alle berühren?

99 SCHWIERIGKEITSGRAD ★★★★★★★☆☆☆

Zu schaffen in: 6 Minuten

Welche Punktekombination hat der fehlende Dominostein?

= 63

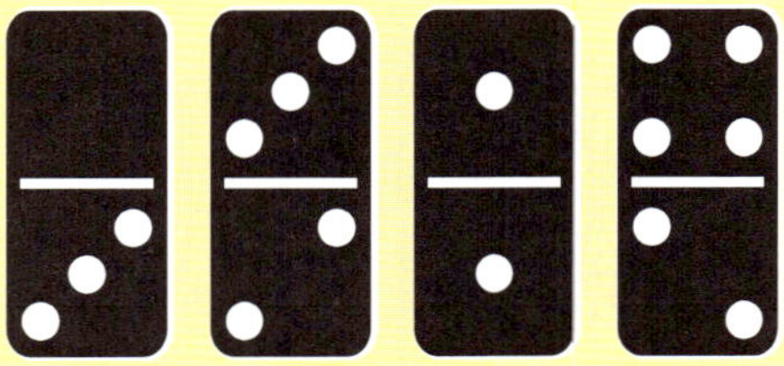

= 64

= 65

100 SCHWIERIGKEITSGRAD ★★★★★★★★★☆

Zu schaffen in: 7 Minuten

Aus welchen vier Stücken können Sie den Apfel zusammensetzen? Sie dürfen die Stücke drehen, aber nicht spiegeln.

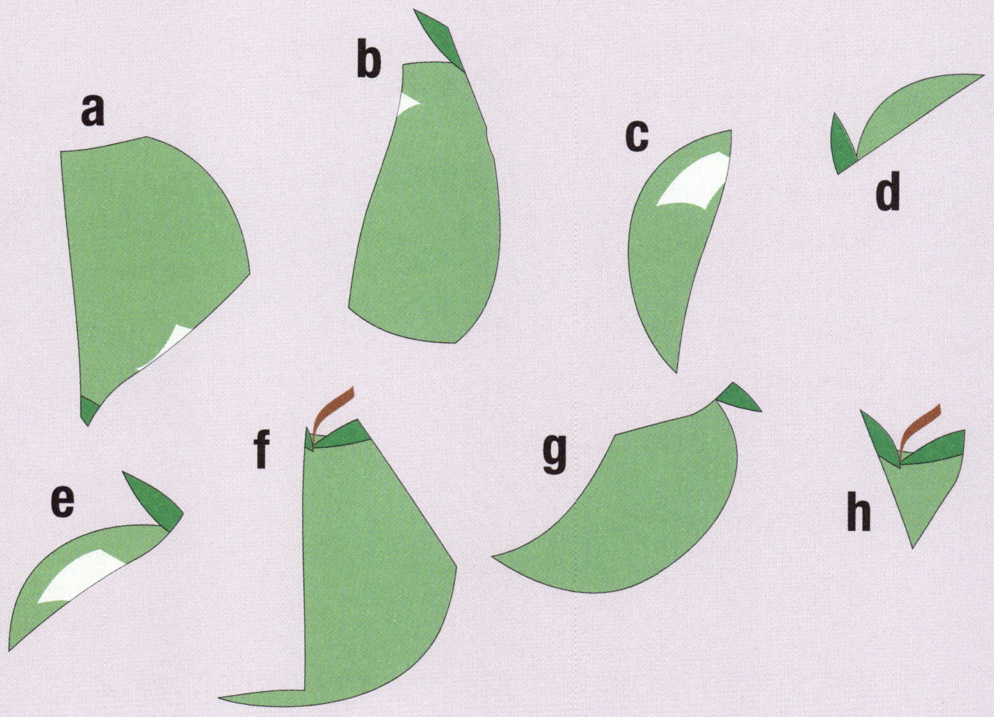

101 SCHWIERIGKEITSGRAD ★★★★★☆☆☆☆☆

Zu schaffen in: 4 Minuten

Welches der vier Quadrate (a, b, c oder d) gehört an die offene Stelle?

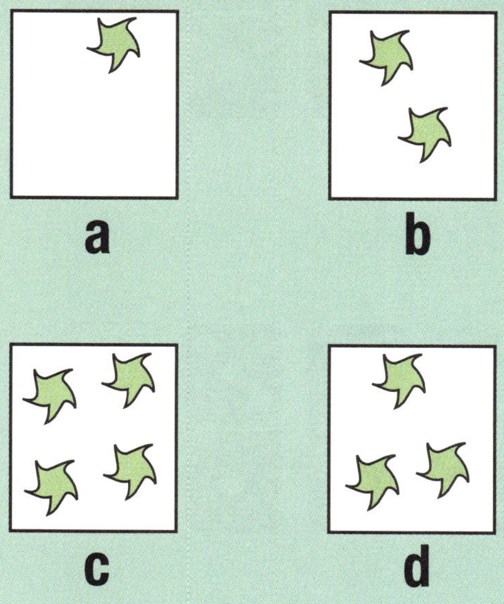

102 SCHWIERIGKEITSGRAD ★★★★★★☆☆☆☆

Zu schaffen in: 6 Minuten

Teilen Sie diese Boje durch drei gerade Linien in vier Teile. Jeder Teil muss ein Steuerrad, zwei Anker und drei Glocken enthalten.

103 SCHWIERIGKEITSGRAD ★★★★★★★★☆☆

Zu schaffen in: 5 Minuten

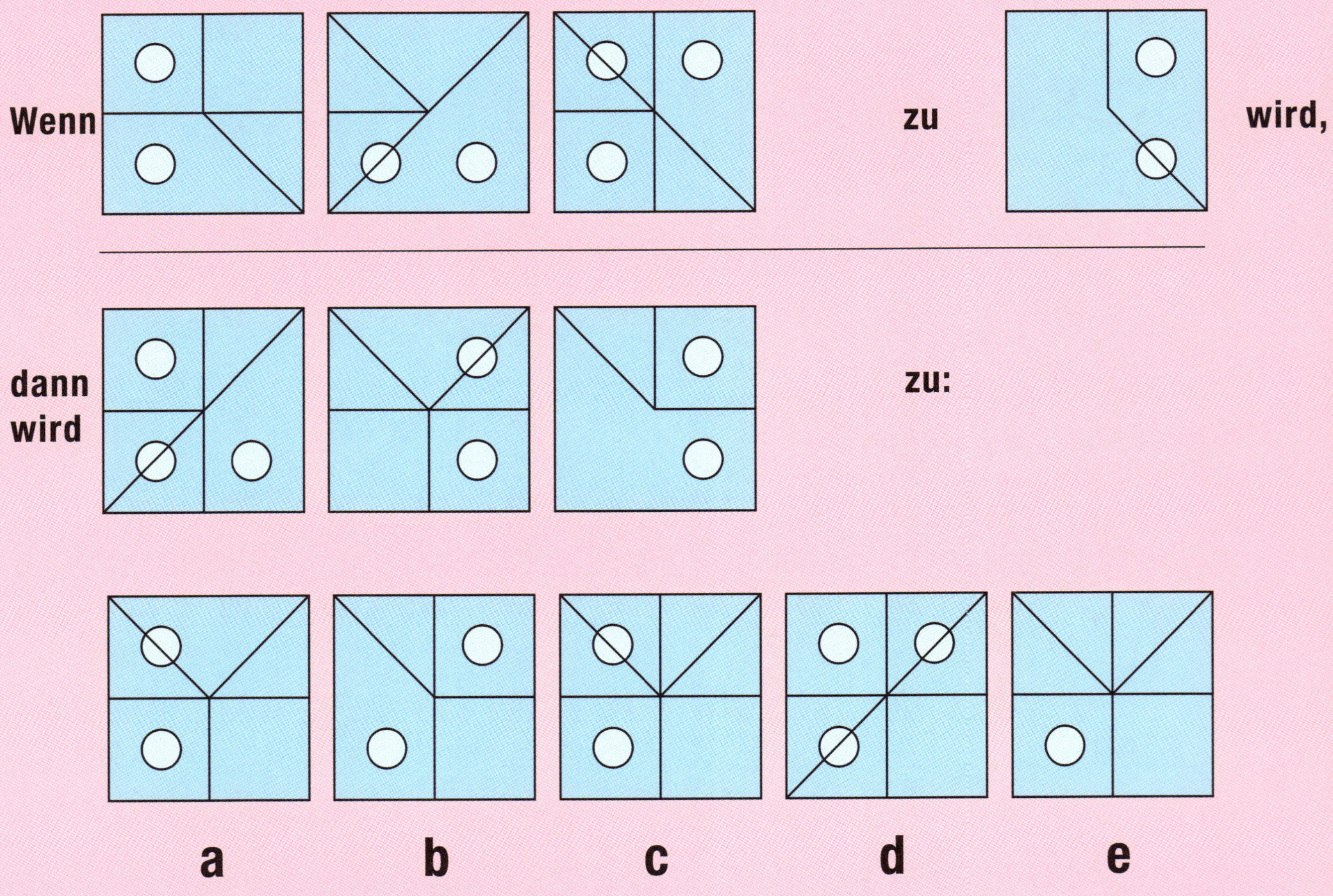

104 SCHWIERIGKEITSGRAD

Zu schaffen in: 7 Minuten

Florence spielt mit ihrem Bruder Tom das Leiterspiel. Er würfelt als Erster eine 6 und darf anfangen. Tom stellt seinen Stein auf die 6. Danach würfelt Florence und hat immer nacheinander 6, 5, 4, 3, 2 und 1. Ihr erster Wurf geht also auf die 6, der zweite auf die 11 usw. Nach seiner ersten 6 würfelt Tom immer 1, 2, 3, 4, 5 und 6, d. h. nach dem zweiten Wurf steht sein Stein auf der 7, dann auf der 9 usw. Wer am Fuß einer Leiter landet, darf aufsteigen. Wer auf dem Kopf einer Schlange landet, muss bis zu ihrem Schwanz absteigen. Beim letzten Wurf muss die Augenzahl reichen, um über 100 zu kommen. Wer hat gewonnen, Tom oder Florence – oder keiner der beiden? Wenn eines der Kinder oder beide nicht gewinnen können, erkennen Sie, warum?

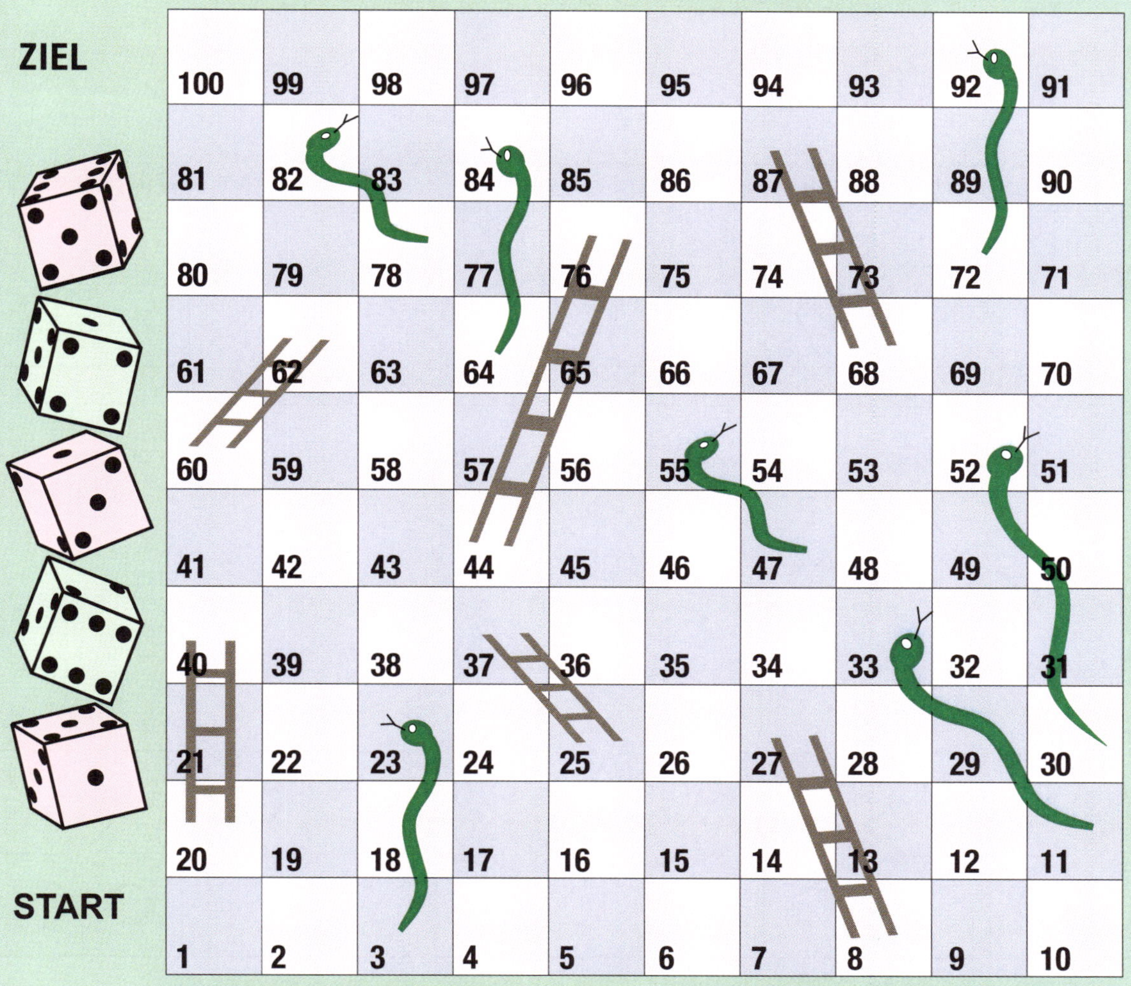

105 SCHWIERIGKEITSGRAD

Zu schaffen in: 7 Minuten

Nur zwei dieser englischen Teedosen sind genau gleich. Finden Sie heraus, welche beiden es sind?

a

b

c

d

e

f

106 SCHWIERIGKEITSGRAD

Zu schaffen in: 5 Minuten

Welches der Buchstaben-Quadrate (a, b, c oder d) gehört an die offene Stelle?

L	A	D
P	C	F
Y	K	W

A	D	W
L	K	C
P	Y	F

D	W	F
A	Y	K
L	P	C

?

C	F	W
Y	P	D
K	L	A

a

Y	F	D
K	C	A
W	P	L

b

W	F	C
D	Y	P
A	K	L

c

W	F	C
D	P	Y
A	L	K

d

107 SCHWIERIGKEITSGRAD

Zu schaffen in: 10 Minuten

Ordnen Sie die Dominosteine so ein, dass die Summe der Augen in den vier waagerechten Reihen jeweils 18, die Summe in den sechs senkrechten Spalten jeweils 12 ergibt.

108 SCHWIERIGKEITSGRAD

Zu schaffen in: 8 Minuten

Welche beiden Formen gehören in das helle Rechteck?

109 SCHWIERIGKEITSGRAD ✪✪✪✪✪✪✪✪✪✪

Zu schaffen in: 10 Minuten

Finden Sie einen Weg von a nach b durch die Bienenwaben.

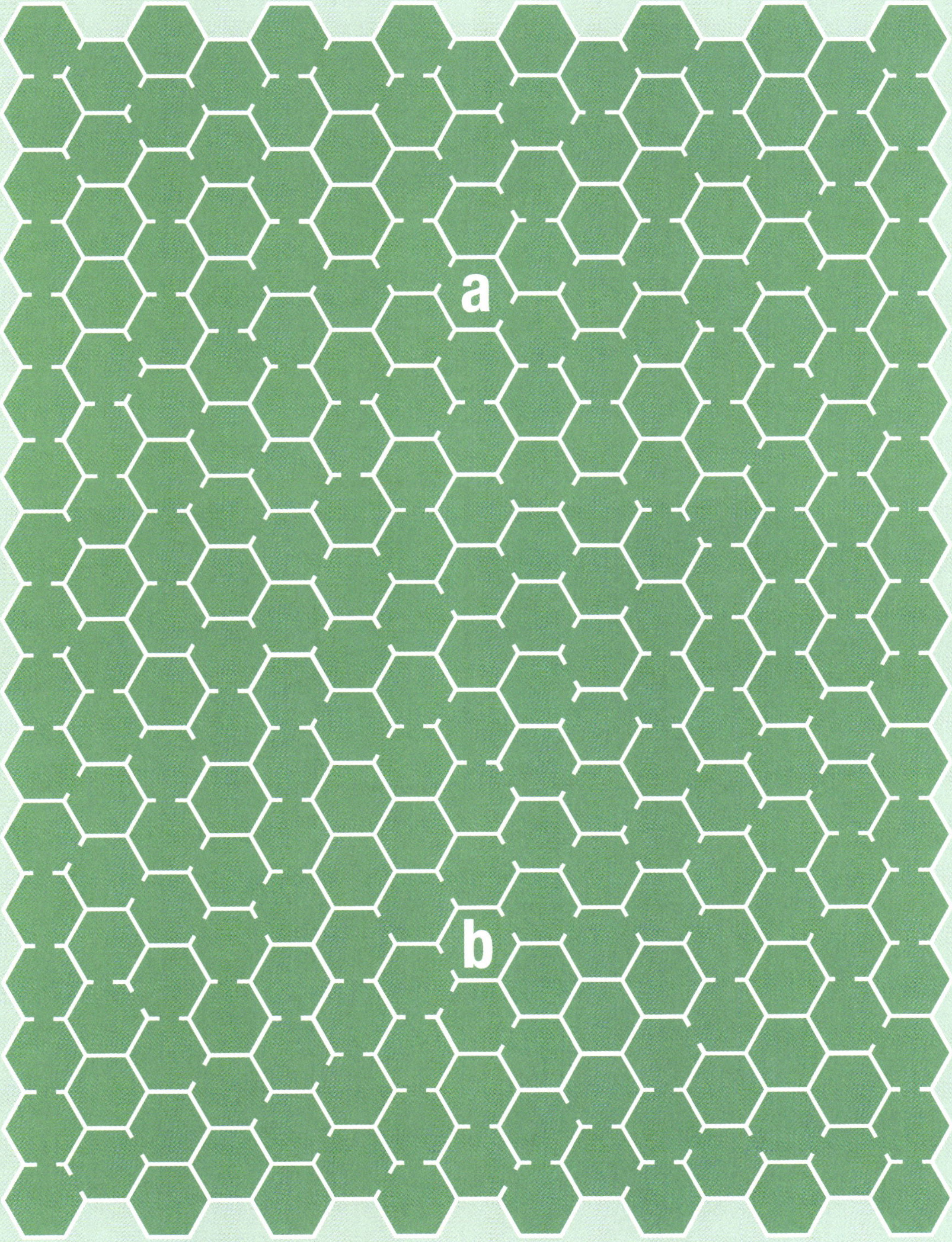

110 SCHWIERIGKEITSGRAD ✪✪✪✪✪✪✪✪✪✪

Zu schaffen in: 10 Minuten

Der kleine Kalle hat mit seinen Bauklötzen gespielt. In jedes seiner vier Häuser hat er einen Bauklotz besonders oft oder besonders selten eingebaut. Finden Sie heraus, um welchen der zehn Bauklötze es sich jeweils handelt.

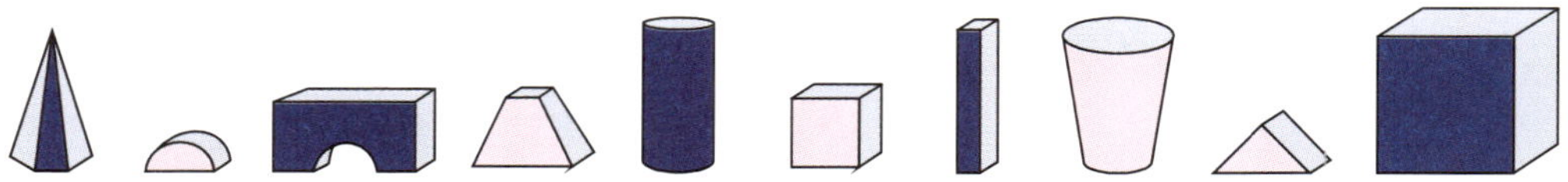

a b c d e f g h i j

Haus 1

Haus 2

Haus 3

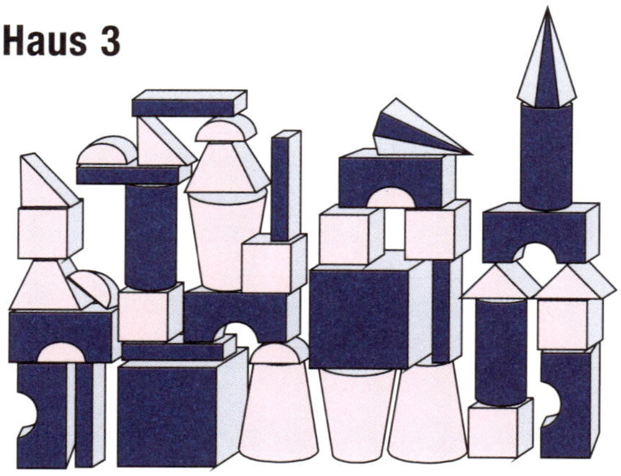

Haus 4

111 SCHWIERIGKEITSGRAD ★★★★★★★☆☆☆

Zu schaffen in: 20 Minuten

Ein Nonogramm „meer“, das es zu lösen gilt. Auf S. 11 ist erklärt, wie es gelöst werden kann.

				1		1																							
				3	1	1												4										2	
4		1	1	4	2	3	1			1			1	2			3	3	5		11	9						1	2
1	2	4	6	2	5	2	4		3	3	3		3	1	3	2	3	1	2	6	1	2	6	3			1	1	1
1	1	1	1	2	4	7	1	5	7	7	10	8	10	3	3	7	5	7	3	6	2	1	1	1	1	1	1	1	1
5	2	6	2	4	2	3	10	4	3	4	3	3	3	8	8	3	6	3	7	8	2	4	2	2	2	3	1	4	1
3	2	1	1	1	1	1	1	1	1	2	3	2	1	3	2	1	2	1	2	1	2	1	1	1	2	2	3	13	20

					7	4	2
					2	7	4
						1	9
			1	4	3	6	3
					3	1	6
	3	1	3	3	2	5	3
2	1	1	1	1	1	3	4
		3	2	3	3	6	2
				6	1	1	4
				4	1	1	3
		1	2	1	1	3	1
			1	1	1	3	2
			2	2	8	2	2
						14	2
					10	5	2
				4	17	1	1
				2	17	1	1
					1	16	2
			1	4	8	6	2
		1	6	5	5	2	2
		1	2	5	5	2	2
				1	16	1	2
			1	2	11	2	2
	1	1	1	5	1	2	2
		1	1	2	2	1	2
		1	1	1	1	1	2
				1	1	1	2
					1	1	3
		2	3	1	1	1	5
						14	14

112 SCHWIERIGKEITSGRAD

Zu schaffen in: 5 Minuten

Falten Sie den Streifen unten in Gedanken zu einem Würfel. Welcher kommt dabei heraus (a, b, c, d oder e)?

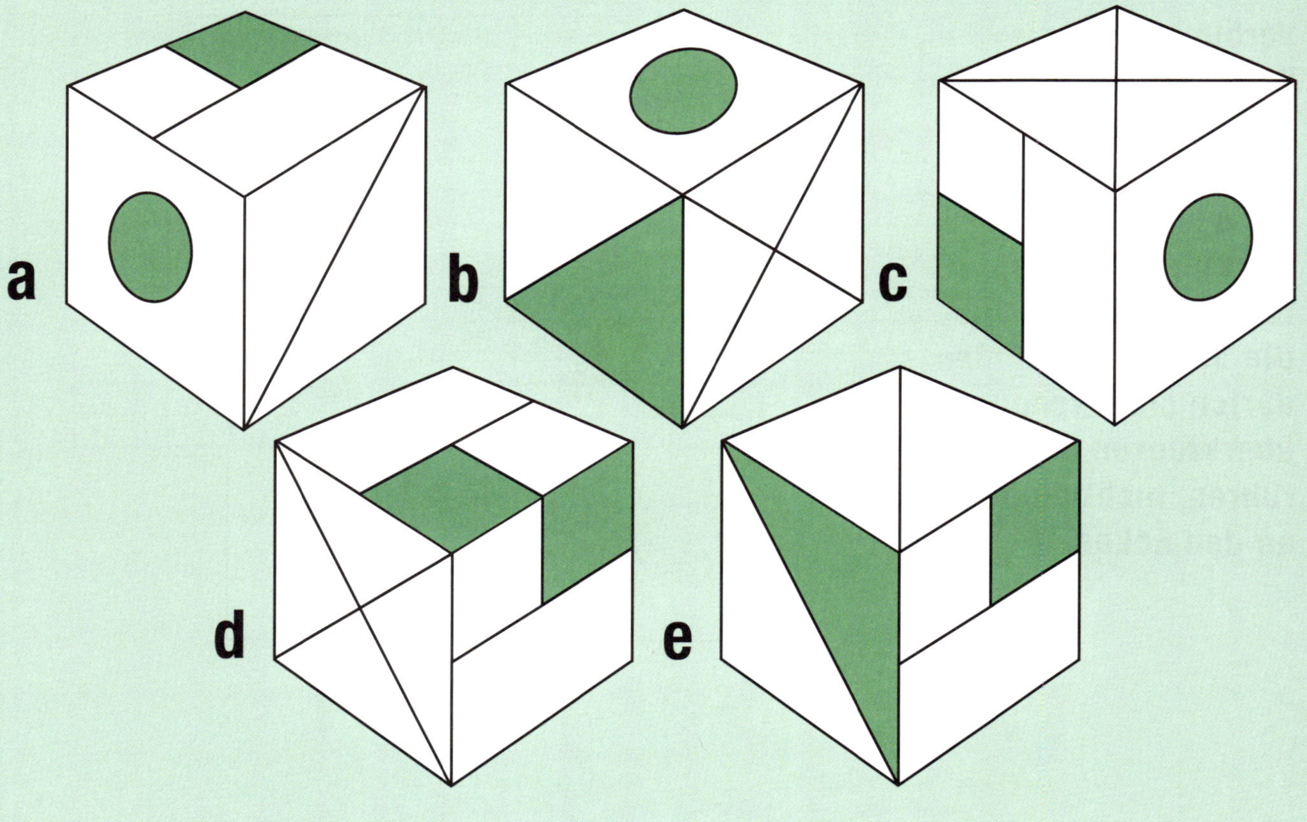

113 SCHWIERIGKEITSGRAD ✪✪✪✪✪☆☆☆☆☆

Zu schaffen in: 5 Minuten

Finden Sie die zehn Unterschiede zwischen den beiden Bildern? Kreisen Sie sie auf dem rechten Bild ein.

114 SCHWIERIGKEITSGRAD ✪✪✪✪✪✪✪☆☆☆

Zu schaffen in: 7 Minuten

Verbinden Sie die Punkte mit gleicher Farbe über die vorgegebenen Wege (also die beiden grünen Punkte, die beiden roten Punkte usw.). Die Verbindungslinien dürfen sich weder überkreuzen noch berühren, nicht einmal an den Ecken.

115 SCHWIERIGKEITSGRAD

Zu schaffen in: 7 Minuten

Teilen Sie diese Dose durch vier gerade Linien in fünf Teile; in jedem Teil sollten fünf der sieben unterschiedlichen Haushaltsgegenstände enthalten sein.

116 SCHWIERIGKEITSGRAD

zu schaffen in: 3 Minuten

Welches der Stücke (a, b, c, d oder e) gehört an die freie Stelle des Achtecks?

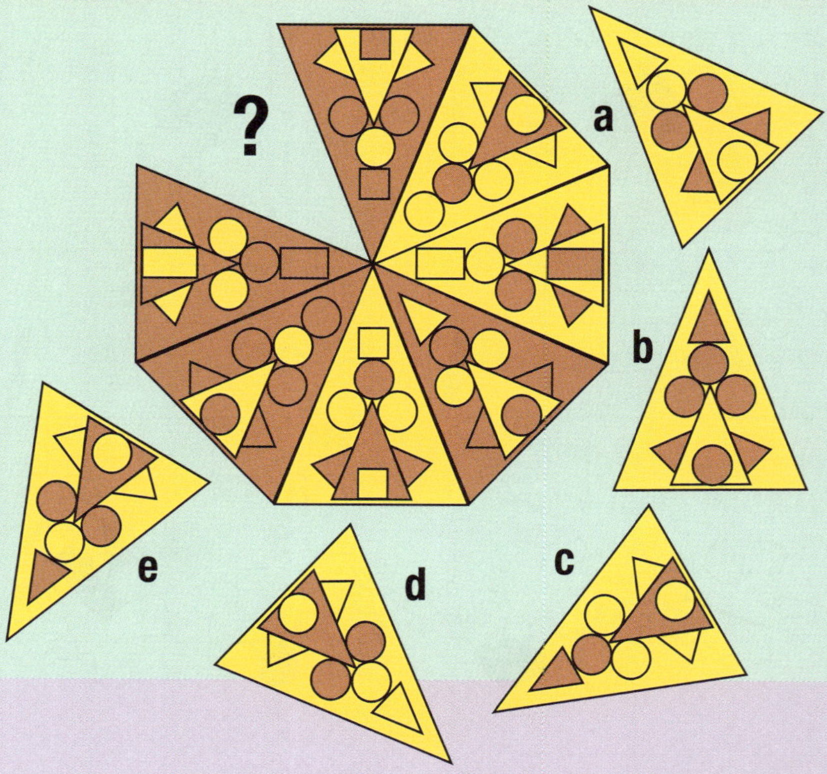

117 SCHWIERIGKEITSGRAD ✪✪✪✪✪✪✪✪✪✪

Zu schaffen in: 7 Minuten

In jedem der sechs gleichen Puzzlespiele fehlt ein Teil. Welches der freien Teile gehört zu welchem Puzzle?

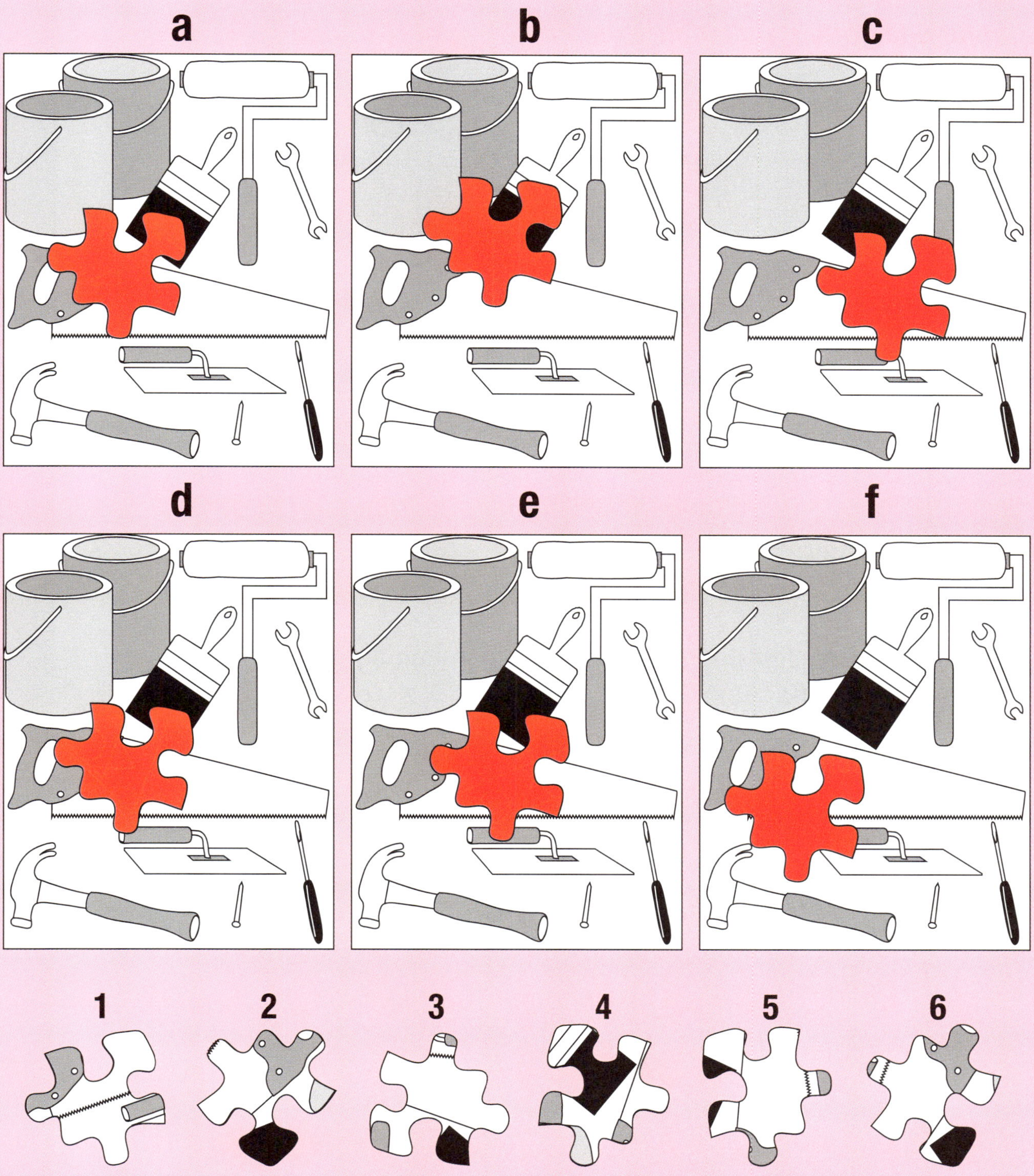

118 SCHWIERIGKEITSGRAD ✪✪✪✪✪✪✪✪✪✪

Zu schaffen in: 5 Minuten

Verbinden Sie die acht Federn mit den genau dazu passenden Pfeilspitzen. Wenn Ihnen das gelingt, ergeben die Buchstaben ein passendes Wort.

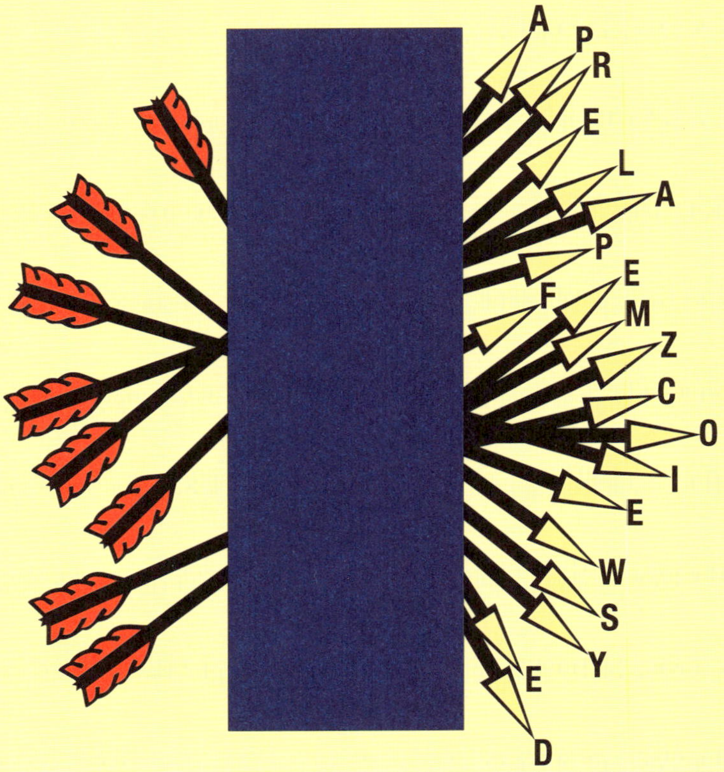

119 SCHWIERIGKEITSGRAD ✪✪✪✪✪✪✪✪✪✪

Zu schaffen in: 7 Minuten

Finden Sie die neun Unterschiede zwischen den beiden Bildern? Kreisen Sie sie auf dem rechten Bild ein.

120 SCHWIERIGKEITSGRAD ★★★★★☆☆☆☆☆

Zu schaffen in: 3 Minuten

Wenn  **zu**  **wird,**

dann wird  **zu:**

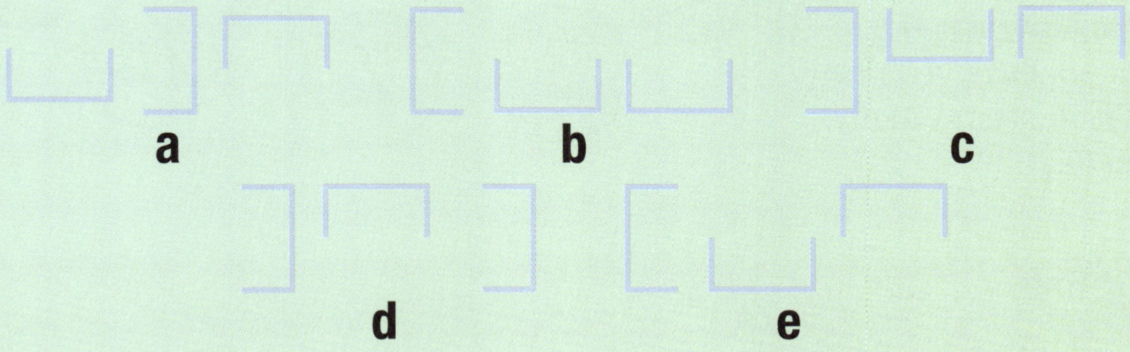

121 SCHWIERIGKEITSGRAD ★★★★★★★★☆☆

Zu schaffen in: 5 Minuten

Welcher der vier Bücherstapel (a, b, c oder d) gehört an die offene Stelle?

122 SCHWIERIGKEITSGRAD

Zu schaffen in: 6 Minuten

Legen Sie Münzen wie angegeben auf die Felder (M steht für Motiv, Z für Zahl). Eine Hälfte der Münzen zeigt das Motiv, die andere die Zahl. Bilden Sie mit verbundenen Augen zwei gleich große Münzstapel und zwar so, dass in beiden genauso oft das Motiv oben liegt.

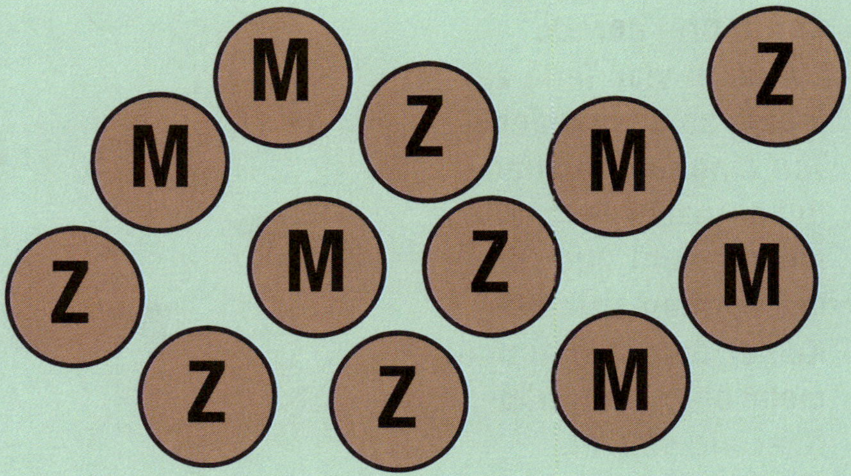

123 SCHWIERIGKEITSGRAD

Zu schaffen in: 10 Minuten

Die Archäologen im Museum müssen die Krüge aus einer Ausgrabung zusammensetzen. Finden Sie heraus, welche Scherbe zu welchem Krug gehört.

124 SCHWIERIGKEITSGRAD

Zu schaffen in: 7 Minuten

Können Sie das Bild durch drei gerade Linien in vier Teile zerlegen, so dass jeder Teil eine unterschiedliche Anzahl (sechs, sieben, acht und zehn) der Formen enthält? Keiner der Teile enthält mehr eine Form häufiger als einmal.

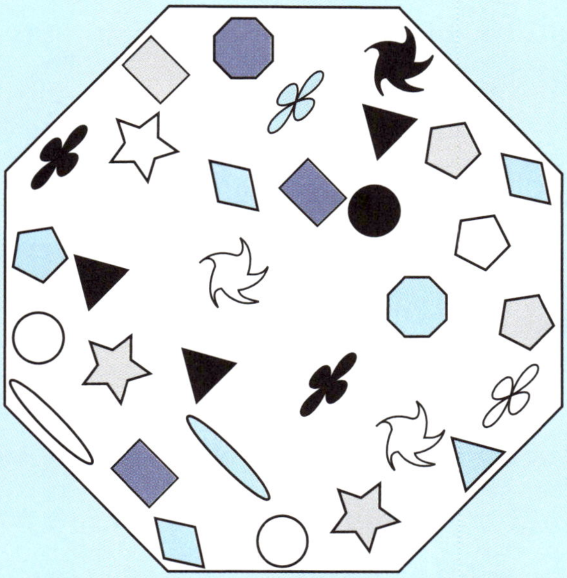

125 SCHWIERIGKEITSGRAD

Zu schaffen in: 6 Minuten

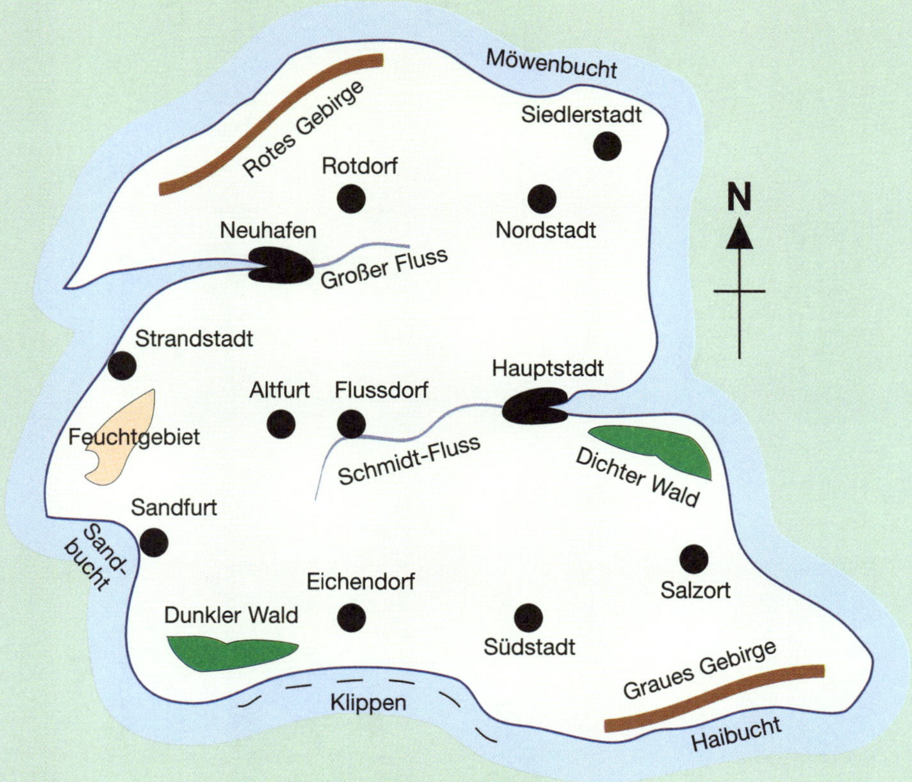

Schauen Sie sich diese Landkarte einer Insel eine Minute lang an, dann beantworten Sie die Fragen auf Seite 100 ohne zurückzublättern.

[125] SCHWIERIGKEITSGRAD

Zu schaffen in: 6 Minuten

Können Sie die Fragen beantworten, ohne das Bild auf Seite 99 erneut anzuschauen?

1. **Welches Dorf liegt genau westlich von Nordstadt?**
2. **Wie heißt das Gebirge im Süden?**
3. **An welchem Fluss liegt Flussdorf?**
4. **Was liegt direkt westlich von Altfurt?**
5. **Welche Stadt oder welches Dorf liegt am weitesten im Norden?**
6. **Welche Stadt oder welches Dorf liegt am weitesten im Osten?**
7. **Welcher Fluss fließt durch Neuhafen?**
8. **Welcher Wald liegt in der Nähe der Sandbucht?**

126 SCHWIERIGKEITSGRAD

Zu schaffen in: 2 Minuten

Welche Zahl gehört an die offene Stelle?

127 SCHWIERIGKEITSGRAD ✪✪✪✪✪✪✪✪✪✪

Zu schaffen in: 10 Minuten

Können Sie die Stempel ihren Abdrücken zuordnen?

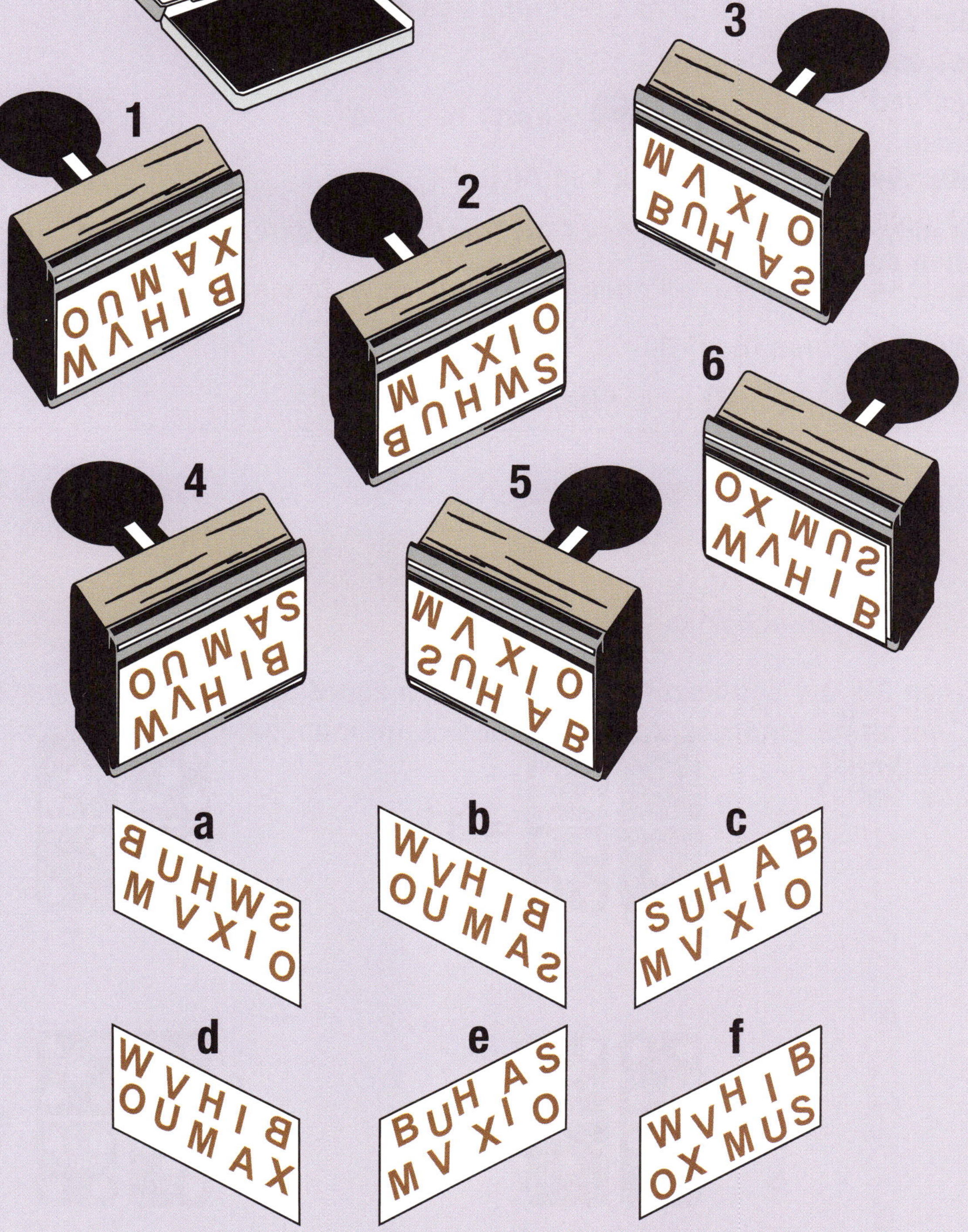

128 SCHWIERIGKEITSGRAD ✪✪✪✪✪✪✪✪✪✪

Zu schaffen in: 6 Minuten

Teilen Sie das Bild durch vier gerade Linien in sechs Teile. Jeder Teil muss sechs verschiedene Formen mit sechs verschiedenen Farben enthalten.

129 SCHWIERIGKEITSGRAD ✪✪✪✪✪✪✪✪✪✪

Zu schaffen in: 7 Minuten

Können Sie die Schlüssel ihren Abdrücken zuordnen? Passen Sie genau auf, der erste Eindruck kann täuschen, denn manche der Abdrücke sind Spiegelbilder.

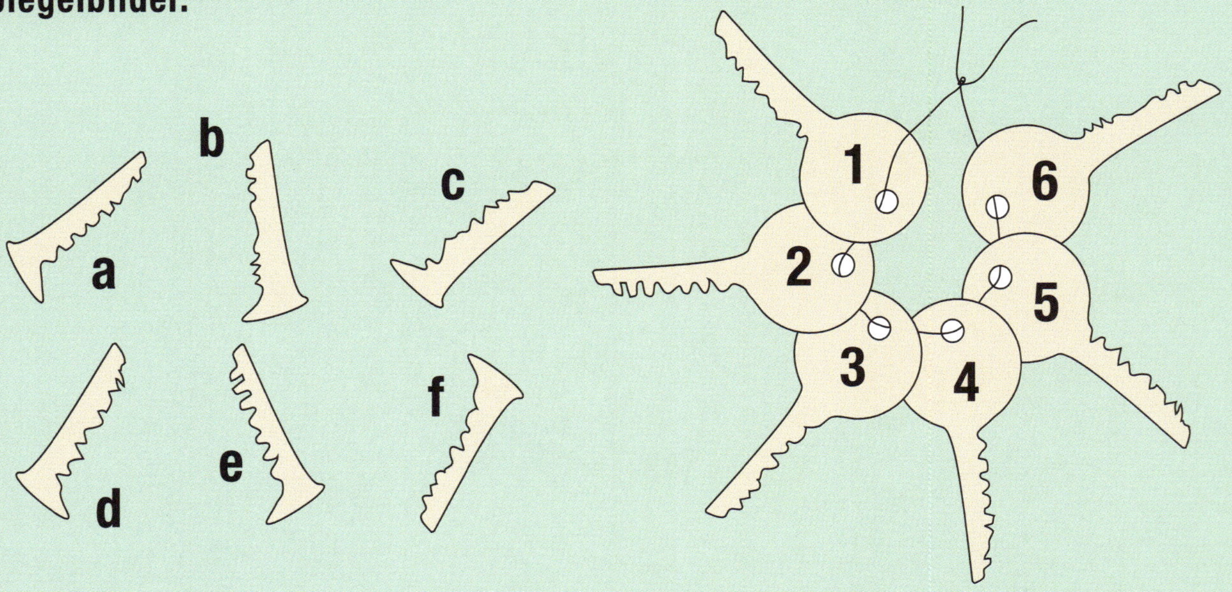

130 SCHWIERIGKEITSGRAD ✪✪✪✪✪✪✪✪✪✪

Zu schaffen in: 7 Minuten

Man kann diese Form zu einem Würfel falten. Die Linie läuft dann ohne Unterbrechung über alle sechs Seiten. Allerdings wurde ein Fehler gemacht. Welche Seite stimmt nicht? Finden Sie es heraus, ohne den Würfel tatsächlich zu falten? Wie sollte die Linienführung auf dieser Seite sein, damit die Linie nicht unterbrochen ist?

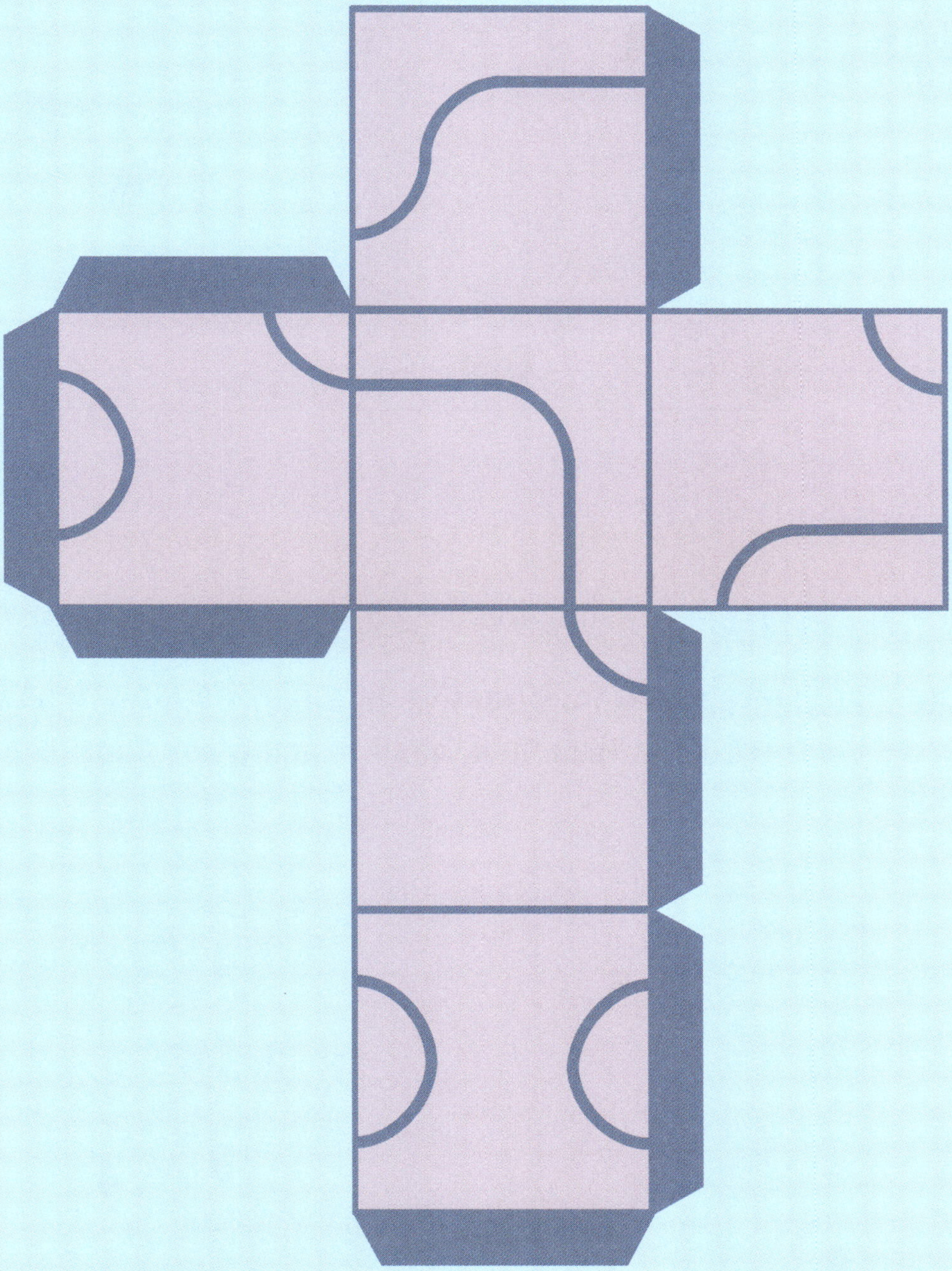

131 SCHWIERIGKEITSGRAD

Zu schaffen in: 7 Minuten

Welches der vier Buchstaben-Quadrate (a, b, c oder d) gehört an die offene Stelle?

t	c	v
h	o	p
w	n	a

p	u	d
x	i	w
o	b	q

j	q	v
p	y	e
c	r	x

?

z	k	s
r	w	t
j	p	d

a

z	r	j
d	q	v
s	y	f

b

z	k	r
d	q	w
s	y	f

c

z	s	r
q	d	w
s	x	f

d

132 SCHWIERIGKEITSGRAD

Zu schaffen in: 4 Minuten

Welcher der vier Kreise unten (a, b, c oder d) gehört an die offene Stelle?

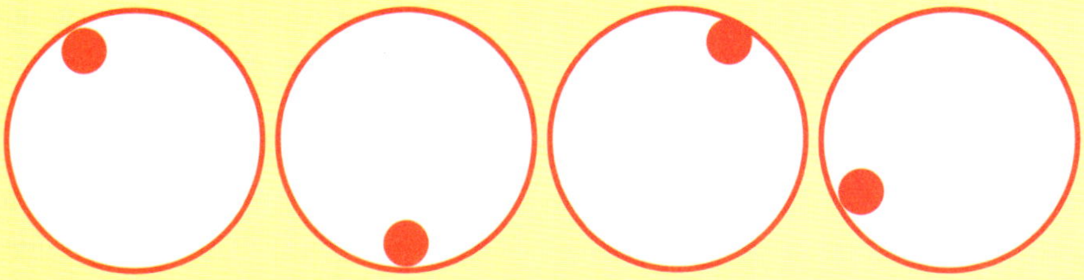

?

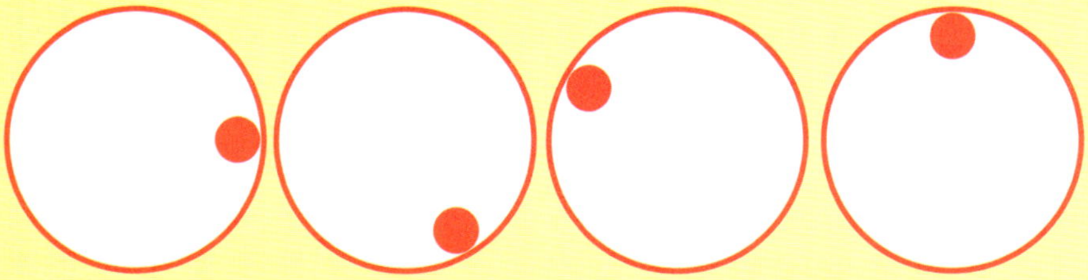

a b c d

133 SCHWIERIGKEITSGRAD ✪✪✪✪✪✪✪✪✪✪

Zu schaffen in: 10 Minuten

Marc und Lars haben mit den Bauklötzen gespielt. In jedes der vier Häuser haben sie einen Bauklotz häufiger oder seltener eingebaut als in die anderen drei Gebäude. Finden Sie heraus, um welchen der zehn Bauklötze es sich jeweils handelt.

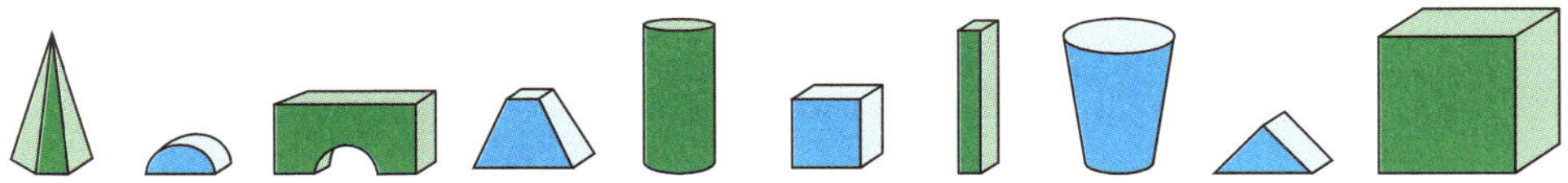

a b c d e f g h i j

Haus 1

Haus 2

Haus 3

Haus 4

LÖSUNGEN

1

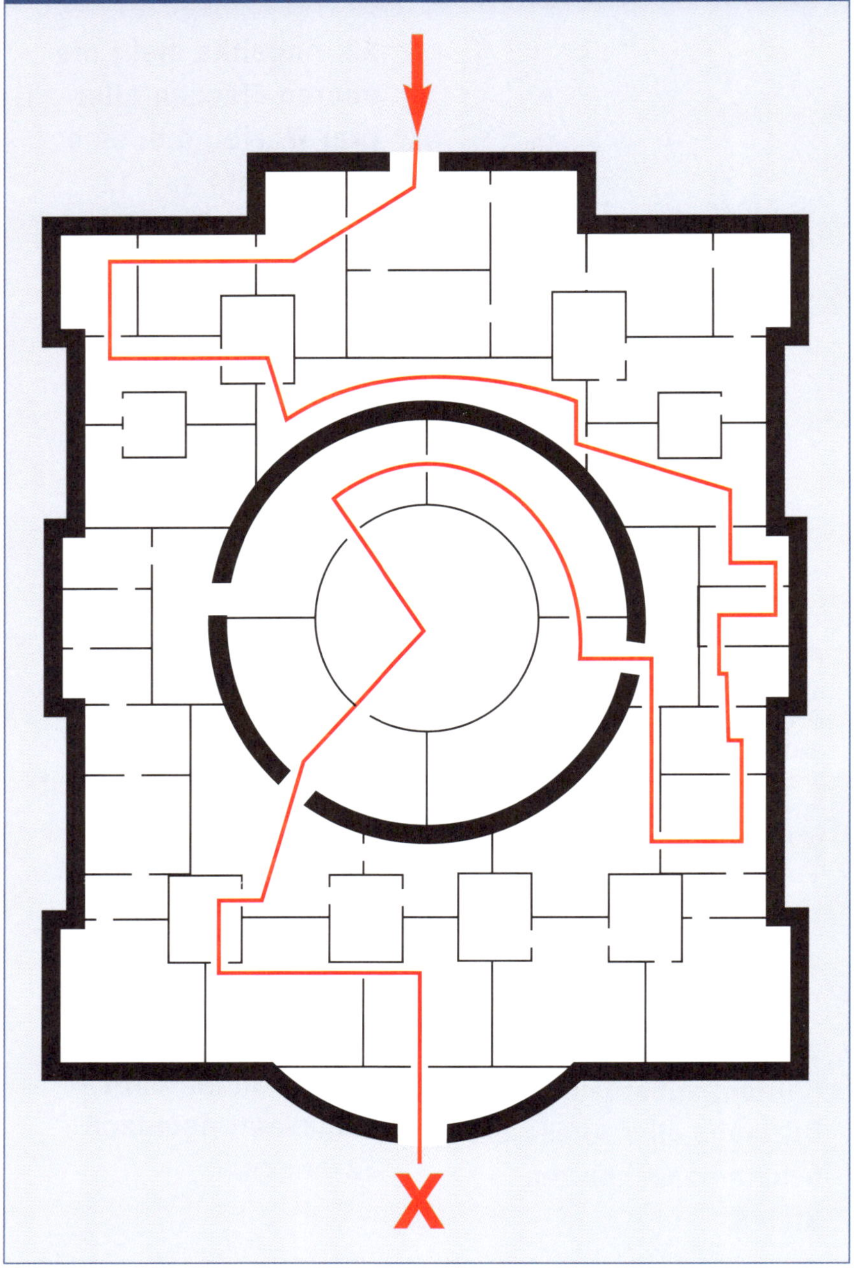

4

5

12. Die gegenüberliegenden Seiten eines Würfels haben zusammen immer 7 Augen. Unten sind also (von links nach rechts) 2, 4 und 6 zu sehen – macht zusammen 12.

6

2

Wenn Ihr Gegner einen Zug macht, reagieren Sie immer mit dem genau spiegelbildlichen Zug. Nimmt er die Münze in der oberen linken Ecke, nehmen Sie die Münze in der unteren rechten Ecke weg.

3

1. 2
2. 1
3. 0
4. 0
5. 3
6. 2 + 1 = 3
7. 1 + 1 = 2
8. 12

7

8

d. Jede Reihe enthält zwei weiße und einen gelben Stern; außerdem ist in jeder Reihe ein Stern mit einem weißen Kreis. Die Kreise in jeder Reihe bestehen aus einer blauen und einer roten Hälfte, die jeweils um 90° gegeneinander verdreht sind, d.h. die Trennlinie läuft zweimal senkrecht und einmal waagerecht. Die fehlende Form muss daher einen weißen Stern und eine waagerechte Trennung enthalten.

9

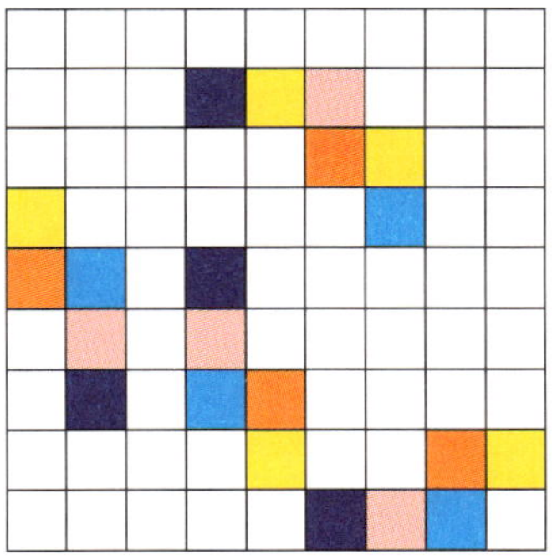

10

c  d 

11

d

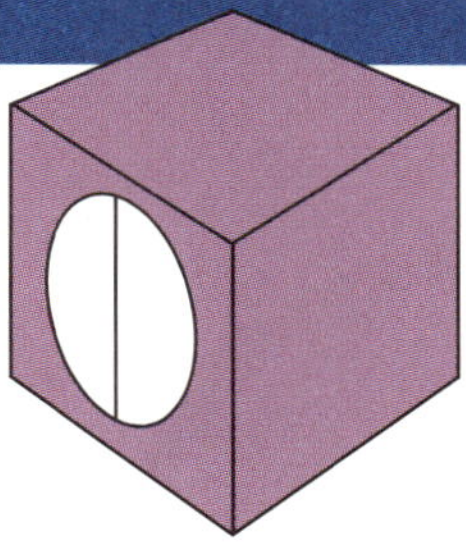

12

a. Die obere Augenzahl errechnet sich aus der Summe der beiden vorherigen Hälften. Die untere Augenzahl ist die Differenz zwischen den beiden vorherigen Hälften; außerdem die Differenz aller Augen der beiden benachbarten Steine.

13

23. Angelika sieht die oberen Flächen aller drei Würfel, d.h. eine Gesamtzahl von 12 Augen. Die Augen auf den Gegenseiten eines Würfels ergeben zusammen immer 7. Angelika sieht auf dem Würfel ganz links 2 Augen; auf dem mittleren Würfel 3 Augen; auf dem rechten Würfel sieht Angelika 5 Augen. Auf der Unterseite des ganz rechten Würfels sind 4 Augen und die äußere Fläche (unsichtbar für Dich) hat keine sechs Augen, muss also eine 1 zeigen. Also sieht Angelika insgesamt 12 Augen oben, 10 Augen auf der Seite und einen am Ende – insgesamt demnach 23 Augen.

14

Ein Punkt. 

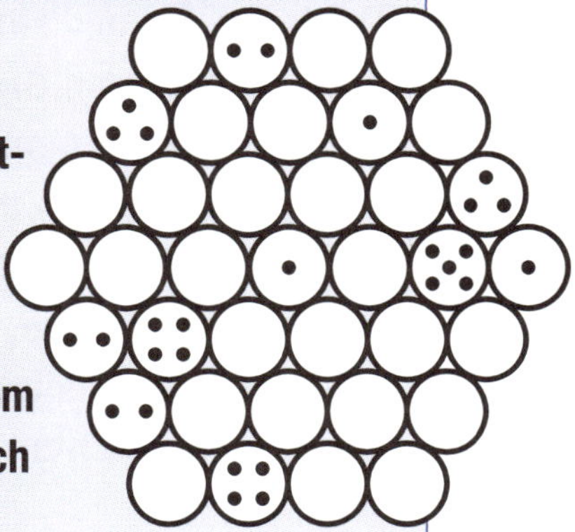

Um herauszufinden, warum, müssen Sie Reihe für Reihe von links nach rechts oder diagonal von links nach rechts oder rechts nach links betrachten. In jeder dieser drei möglichen Richtungen enthalten die Reihen entweder nur eine gerade oder nur eine ungerade Augenzahl. Von links nach rechts (oder umgekehrt) enthält die Reihe mit dem mittleren Kreis eine 5 und eine 1, also muss der mittlere Kreis auch eine ungerade Zahl (in diesem Fall also eine 1) enthalten. Auch wenn Sie die Reihen von unten rechts nach oben links betrachten, kommen Sie auf eine Reihe mit einer 1 (ungerade).

15

e. Zu Spitze hin sind mehr Rauten, als zum anderen Ende hin.

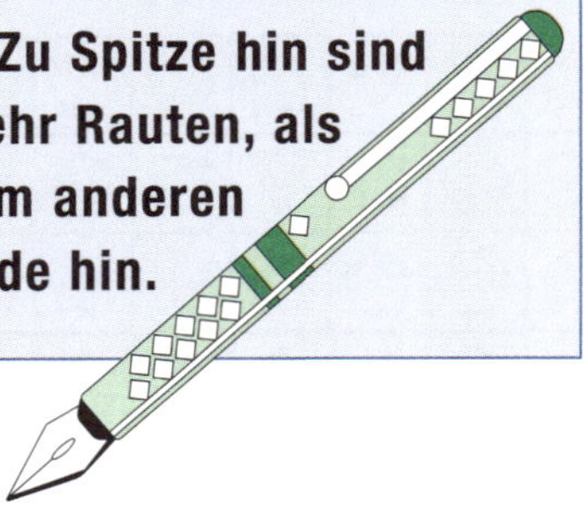

16

Zwei Farben.

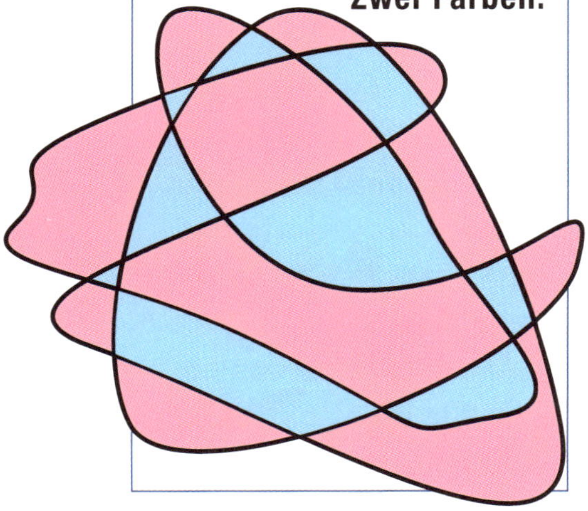

17

b, a, d, e, h, g, c und f.

18

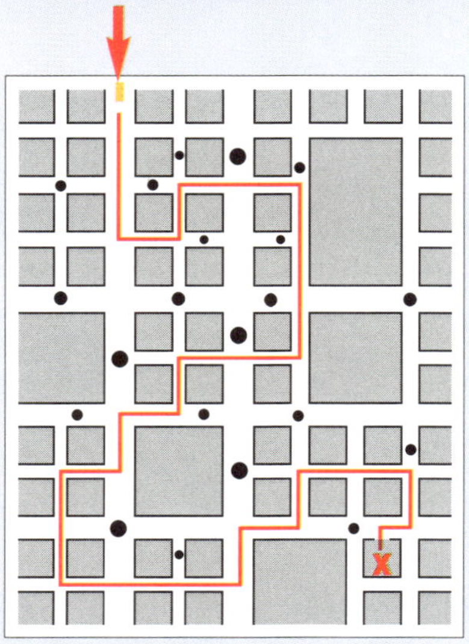

19

a

b

c

d

e

f

20

b

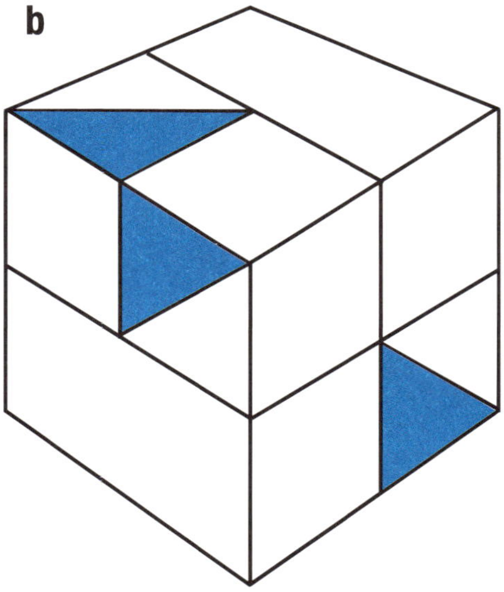

21

b. Jede Reihe enthält einen Hund mit einem weißen Ohr, zwei Hunde mit einem weißen Augenring und zwei mit ausgestreckter Zunge. Also muss der fehlende Hund einen Augenring und eine heraushängende Zunge, darf aber kein weißes Ohr haben.

22

a und c

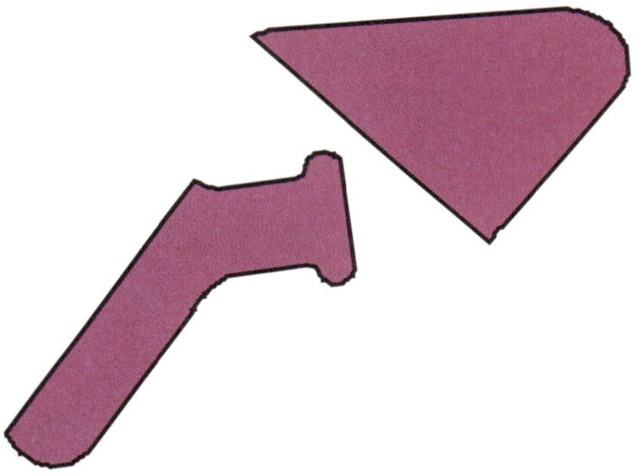

23

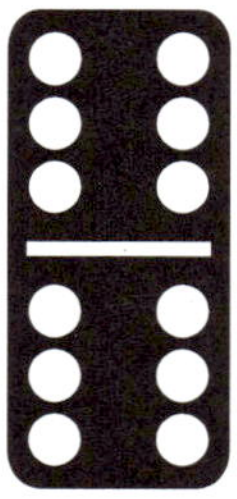

b. Die Gesamtzahl der Augen nimmt zuerst um 1, dann um 2, dann um 3 und schließlich um 4 zu. Also muss die Gesamtzahl 12 sein.

24

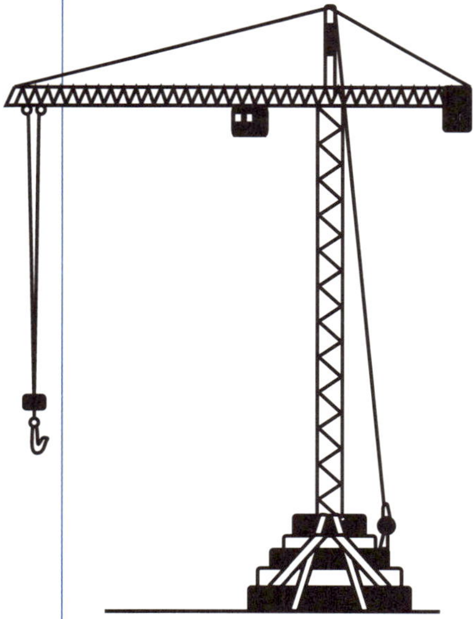

a. Die Spannleinen an der Basis liegen enger zusammen und reichen nicht bis zum Rand des untersten Blocks.

25

Jedes Quadrat enthält eine Fläche mit einer Ecke mehr oder weniger als ihr unmittelbarer Nachbar (darüber, darunter, rechts, links).

26

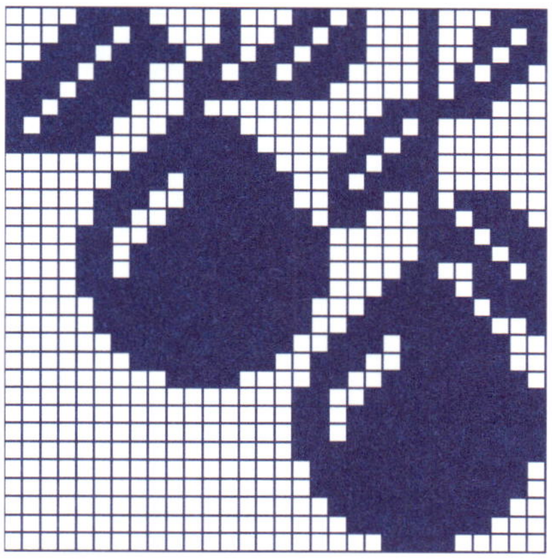

27

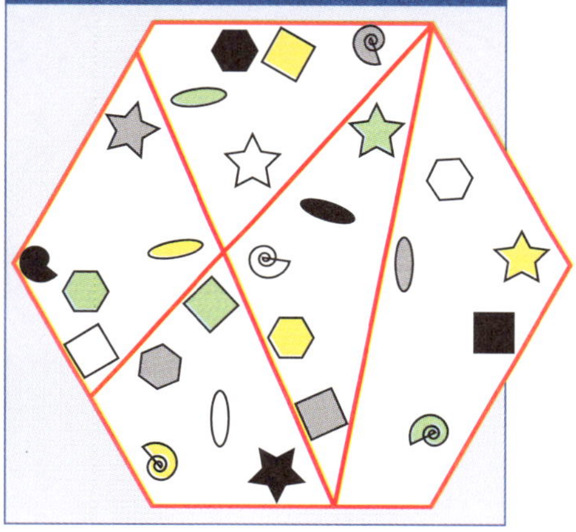

28

Sie brauchen vier Farben.

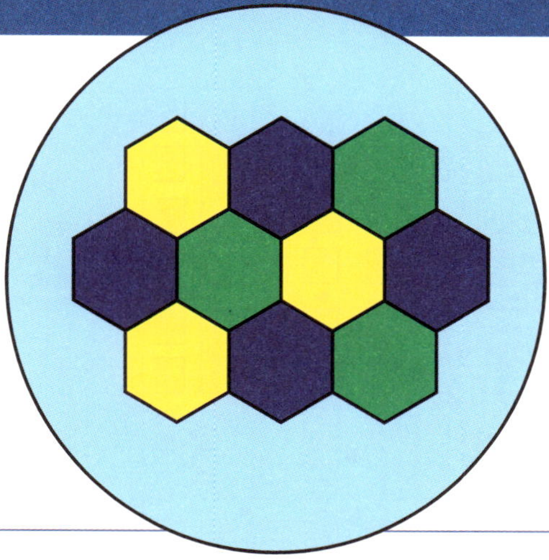

29

a = 4, b = 6, c = 3, d = 7, e = 2, f = 1 und g = 5

30

Dominostein 3/3 muss mit einer 3 kombiniert werden. Da es nur eine 3 gibt (mit einer 1, zusammen also 4), ergibt sich für die nächste Ecke eine 5 (nur ein Stein, mit einer 2). An der Ecke muss nun eine 2 folgen (Domino 2/4). Also ergibt sich folgendes Bild (oder eine Verschiebung oder Drehung davon):

Dominostein 1/2 braucht eine 6 an der Ecke; der Stein ist mit einer 2 kombiniert, also darf nur eine 1 an der Ecke liegen (Stein 1/4). Sie brauchen wieder eine 4, um auf 9 zu kommen, das geht mit Stein 4/4 und dann bleibt nur die Kombination mit Auge 1 übrig.

31

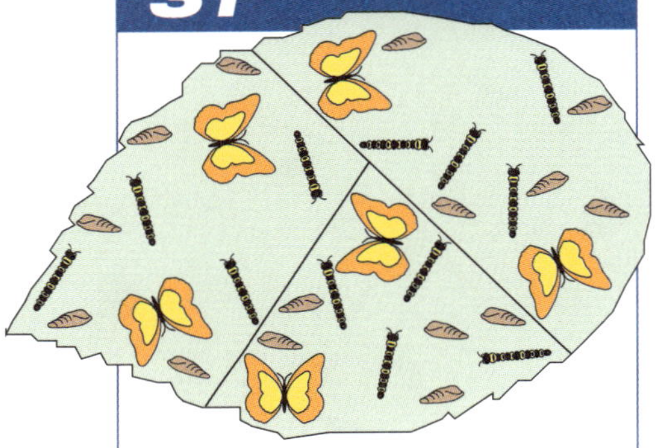

32

1. Rosa
2. Rot
3. 3
4. 3
5. 1
6. 2
7. 3
8. 4

33

34

c. In jeder Reihe gewinnt zweimal die XXX-Kombination und einmal die OOO-Kombination. In jeder Reihe gibt es ein rosa, ein orangefarbenes und ein blaues Quadrat und zwei mit Weiß und ein mit Gelb gemaltes Spiel. Also benötigen Sie ein XXX-Spiel im rosa Quadrat mit gelber Schrift.

35

a

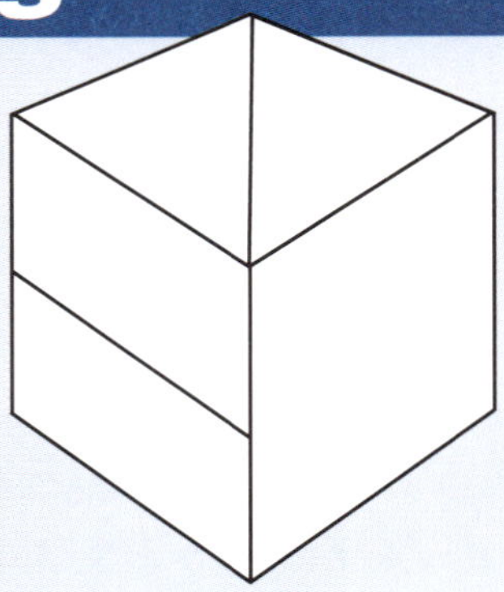

36

a und d

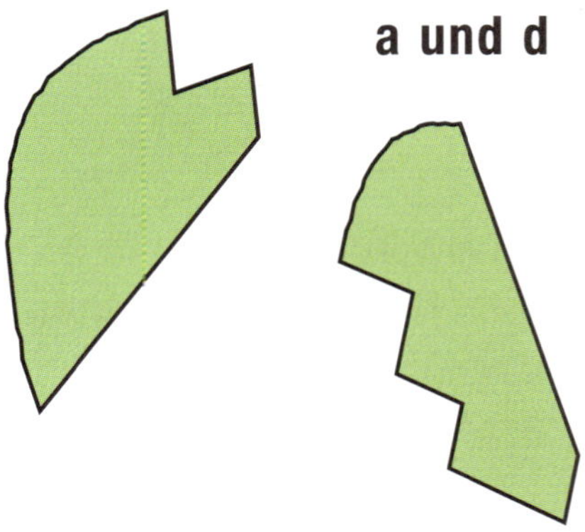

37

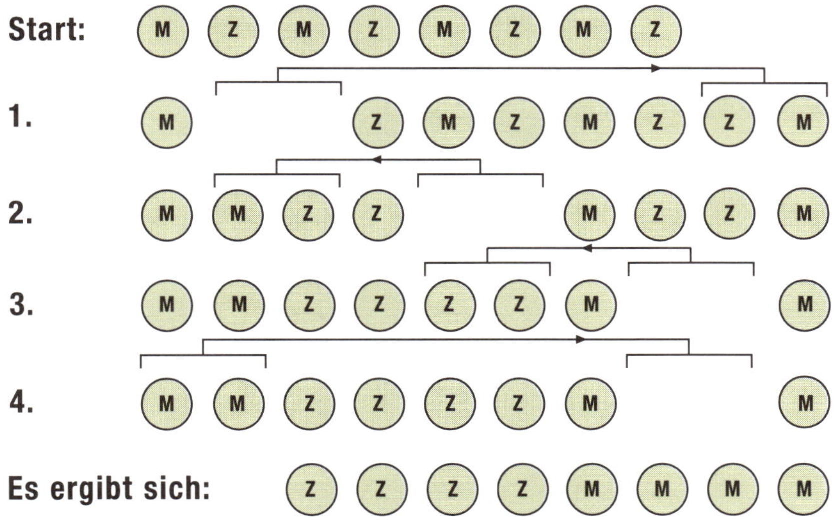

38

Die Zahl im Feld 31 kann nicht 6 sein (Hinweis 2), also muss in der Diagonalen 6–31 das Feld 21 die 6 enthalten. Feld 36 kann nicht 3 sein (Hinweis 3), also ergibt sich in der Diagonalen 1–36 das Feld 15 mit 3; in 6–36 ist 24=3. Feld 31 ist 5 oder 2 (2) wie auch 32 (1), das kann für 36 nicht gelten. Also ist 36=6 und 25=6 (3). Feld 8 kann nicht 6 sein (Diagonale), also ist in der Spalte 2–32 Feld 2=6; 10 muss ebenfalls 6 sein. In 13–18 kann die 1 nicht in 14 sein (2), muss also in 13 stehen. Da in 22 eine 5 steht, kann weder in 1 noch in 19 eine 5 stehen: Daher ist in 1–31 die 31=5. Für 14 ergibt sich 5 (2), für 32=2 und 3=2 (1). Jetzt können Sie ausschließen: 1=4, 8=1, 19=2, 20=4, 9=5, 27=1, 29=2 (Diagonale), 11=4 (Diagonale), 16=2, 28=4, 30=5, 4=3, 5=5, 12=2, 18=4, 23=1, 35=3, 34=1.

4	6	2	3	5	1
3	1	5	6	4	2
1	5	3	2	6	4
2	4	6	5	1	3
6	3	1	4	2	5
5	2	4	1	3	6

39

11.35 Uhr. Der Stundenzeiger bewegt sich jedes Mal vier Stunden zurück (oder acht nach vorn) und der Minutenzeiger jedes Mal 7 Minuten nach vorn.

40

b

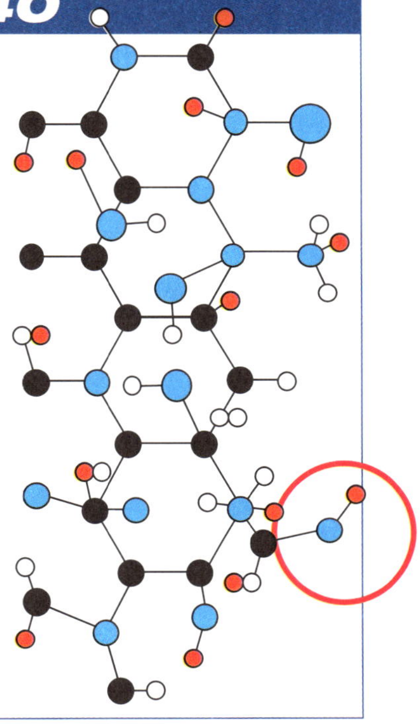

41

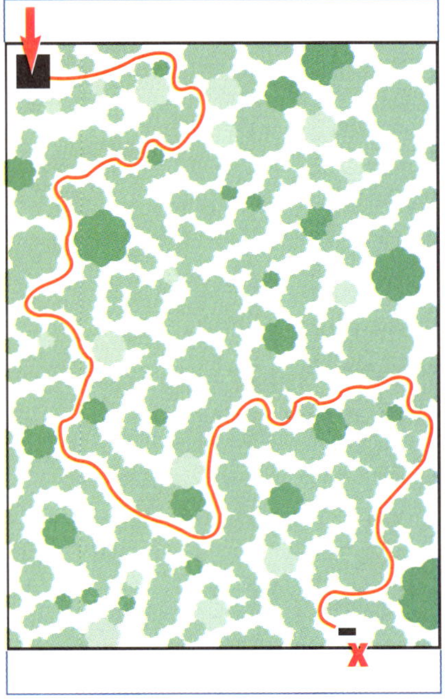

42

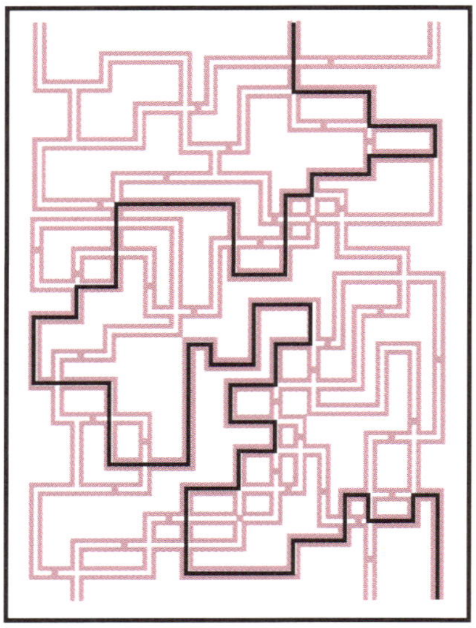

43

Sie brauchen drei Farben.

44

1	5	4	6	3	2
2	3	6	5	1	4
6	1	2	3	4	5
3	2	5	4	6	1
4	6	1	2	5	3
5	4	3	1	2	6

Die Zahl in Reihe 4 Spalte 4 kann weder 1 oder 2 (waagerecht) noch 3 oder 5 (diagonal), noch 6 (senkrecht) sein, also ist es die 4. Reihe 6, Spalte 6 kann nicht 1, 2, 3, 4 oder 5 sein, ist also eine 6. Um die Diagonale zu vervollständigen, muss Reihe 1, Spalte 1 also 1 sein. In Reihe 4 darf die 5 weder in Spalte 1 noch in 5 stehen, muss also in Spalte 3 stehen. Die Summe der vier Ecken beträgt 14 (Einleitung), daher gehört in Reihe 1, Spalte 6 eine 2. Die Diagonale von oben rechts bis unten links enthält fünf unterschiedliche Zahlen und keine 4, daher ist Reihe 3, Spalte 4 nicht 2, 4, 5 oder 6, muss also 1 oder 3 sein. Da weder Reihe 5, Spalte 2 noch Reihe 2, Spalte 5 eine 3 sein darf, muss die 3 in Reihe 3, Spalte 4 stehen. Spalte 6, Reihe 3 muss 5 sein und Reihe 5 eine 3. In Reihe 1 kann die 5 nicht in Spalte 3 oder 5 stehen, gehört also in Spalte 2. In Spalte 5, kann die 2 nicht in den Reihen 1, 3 oder 4 stehen, steht also in Reihe 6. In Reihe 6 kann die 3 nicht in Spalte 2 oder 4 stehen, gehört also in Spalte 3; die 4 kann nicht in Spalte 4 stehen, gehört also in Spalte 2, sodass 1 in Spalte 4 steht. Die 5 in Spalte 4 kann nicht in der Reihe 5 stehen, gehört also in Reihe 2 und die 2 in Reihe 5. In Reihe 2 kann die 2 nicht in Spalte 3 oder 5 stehen, gehört also in Spalte 1. In Spalte 1 kann die 3 weder in Reihe 3 noch 5 stehen, gehört also in Reihe 4. Demnach steht in Reihe 4, Spalte 5 eine 6. Die 3 in Reihe 1 kann nicht in Spalte 3 stehen, gehört demnach in Spalte 5 und die 4 in Spalte 3. In Reihe 2 ist die 6 nicht in Spalte 5, gehört also in Spalte 3 und die 1 in Spalte 5. Spalte 5 wird durch die 4 in Reihe 3 vervollständigt. In Reihe 3 steht die 1 nicht in Spalte 1, gehört demnach in Spalte 2 und die 6 in Spalte 1. Somit wird Spalte 1 mit einer 4, Spalte 2 mit einer 6 und Spalte 3 mit einer 1 vervollständigt.

45

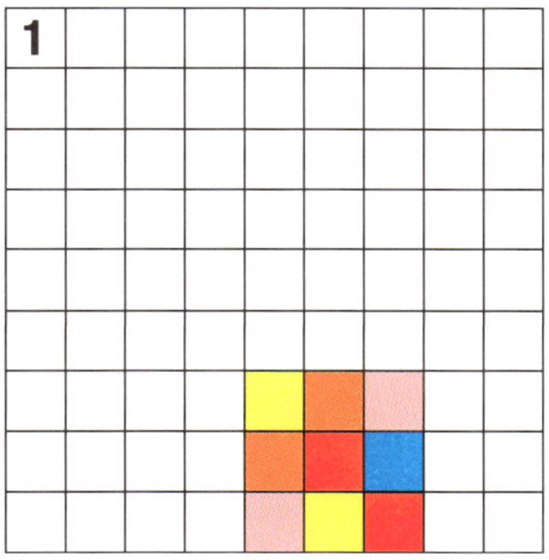

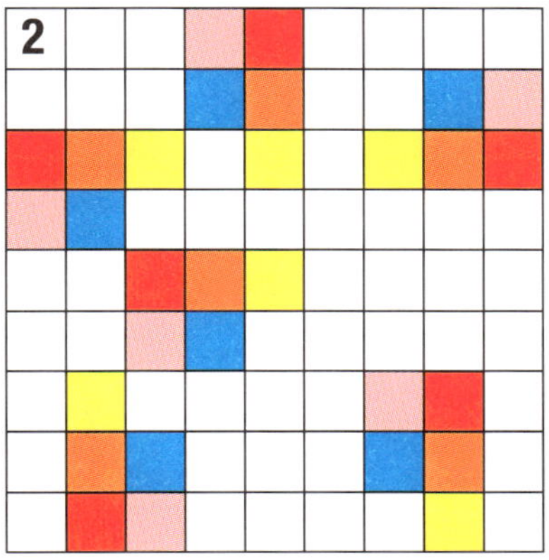

46

47

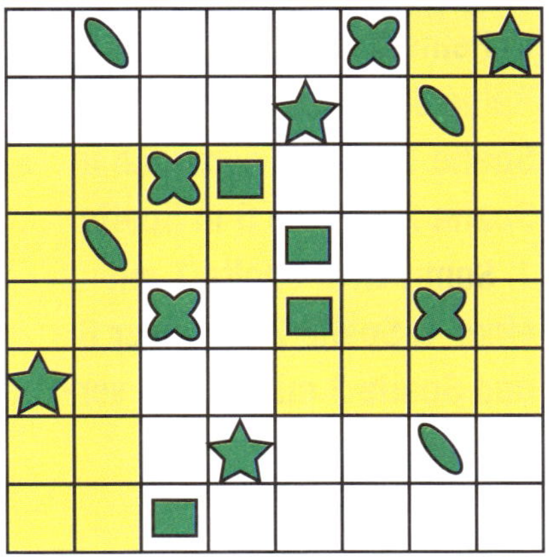

48

b und e

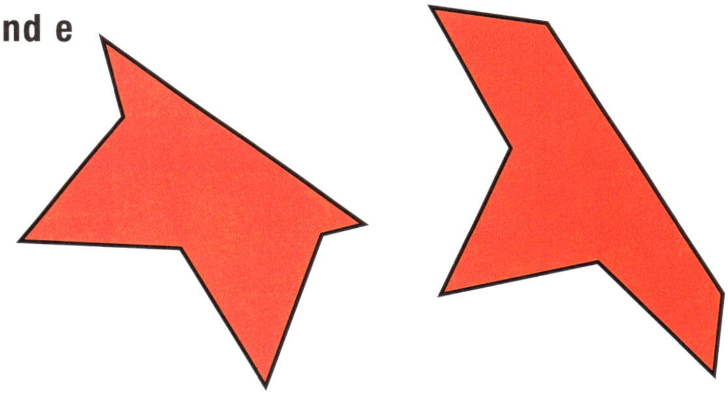

49

Zwei Dominosteine ergeben zusammen 9 (4/5 und 6/3). Damit die Seite 10 Augen zeigt, müssen die beiden 1er-Steine in die Ecken. Zwei Steine ergeben zusammen 7 (5/2 und 4/3); zu ihnen gehört jeweils eine 3 als Ecke, also 3/4 und 3/6 (denn 3/1 hat eine Ecke 1, s.o.). In einem Quadrat steht 3/4 mit 3 als Ecke und ergibt mit der 3 von 3/6 Gesamtaugenzahl 10. Stein 3/6 muss eine 1 als Ecke haben. Wenn die 1 von dem 1/3-Stein stammt, wäre die Ecke 6, also 6/2 (6/3 ist bereits vergeben), doch dann wäre die Augenzahl der Seite 11. Also muss es Stein 1/4 mit 5 an der Ecke sein, also gehört 5/2 hierher (siehe Bild unten links).

Das zweite Quadrat besteht aus Stein 5/4 mit einer Ecke 1 (von Dominostein 1/3). Damit sich 10 ergibt, hat der Stein 1/3 eine Ecke 6 von 6/2. Daraus ergibt sich eine Ecke 2 von dem Stein 2/4 (siehe Bild oben rechts).

50

Der unterste.
Daraus ergibt sich ein Wechsel von geraden und ungeraden Augen in Reihen und Spalten (außer in der nun unvollständigen Reihe 5).

51

a und c

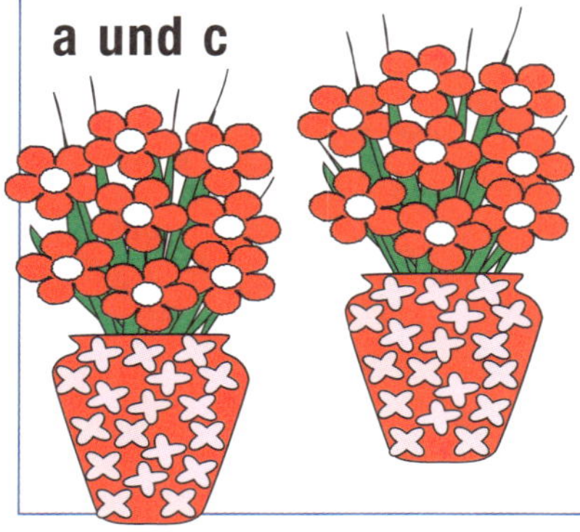

52

30 Züge. 2 auf x, 6 auf 2, 5 auf a, x auf 5, a auf 6, 2 auf c, 1 auf x, c auf 1, 6 auf 2, 7 auf a, 8 auf b, 5 auf 8, b auf 5, x auf 7, a auf 6, 2 auf c, 3 auf x, 4 auf b, 1 auf 4, b auf 1, c auf 3, 6 auf 2, 5 auf a, x auf 5, a auf 6, 2 auf c, 1 auf x, c auf 1, 6 auf 2, x auf 6.

53

54

a. Der große Stern dreht sich gegen den Uhrzeigersinn jeweils um einen Viertelkreis, die Bilder darin jeweils um einen Viertelkreis mit dem Uhrzeiger.

55

56

c. Die Summe der Augen nimmt jedes Mal um 2 zu.

57

c und d

58

a und g sind gleich

59

d. In jeder Reihe sind zwei Zeppeline mit roten Flügeln und einer mit blauen Flügeln. Jede Reihe enthält zwei Zeppeline mit roten Gondeln und einen mit blauer Gondel, und in jeder Reihe blicken zwei Zeppeline nach links und einer nach rechts.
In jeder Reihe sind zwei Zeppeline mit vier und einer mit drei Lichtern am Flugkörper. Also muss der fehlende Zeppelin nach links fahren, er hat blaue Flügel, eine rote Gondel und vier Lampen.

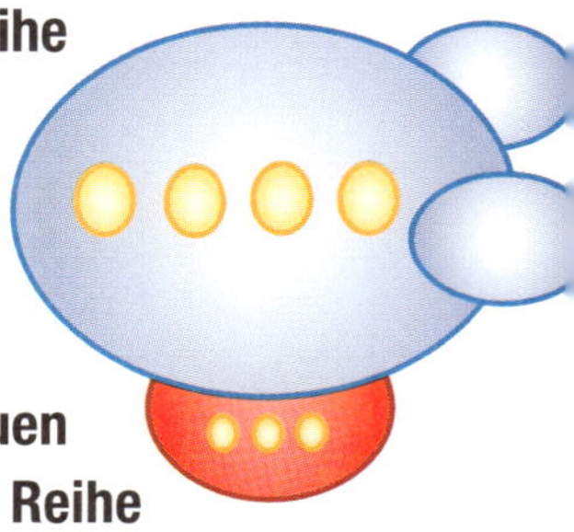

60

Schieben Sie die mittlere Reihe um eine Münze nach oben und setzen diese unten ein.

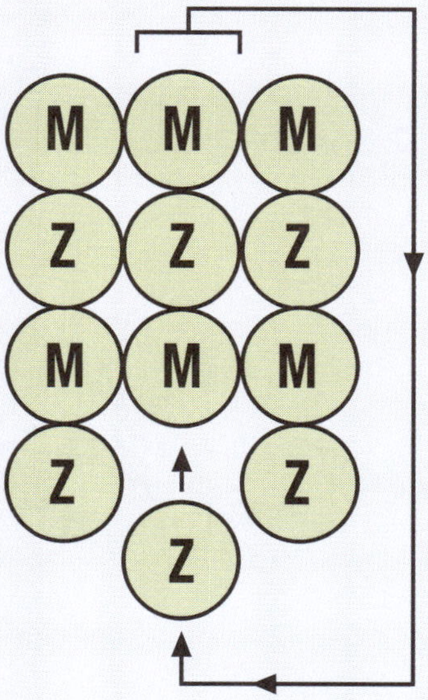

61

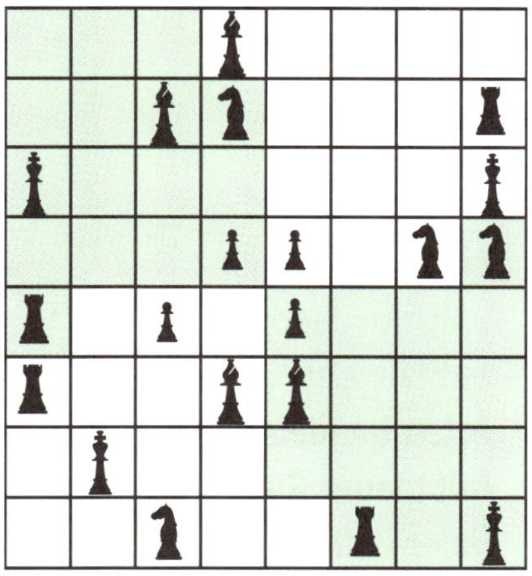

62

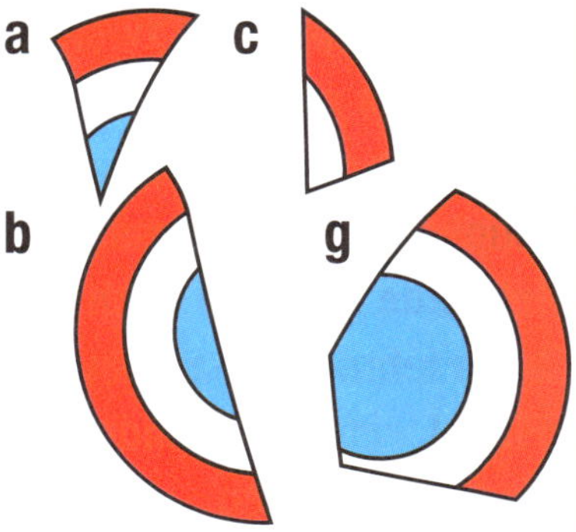

63

d. Richtig ist die Spiegelung der einzelnen Formen.

64

65

1. Orange
2. Orange
3. 2
4. 3
5. 3
6. 2
7. 3
8. Orange

66

67

68

d

69

c

70

2	5	0	1	1	0	6	5
1	5	6	2	2	4	2	0
1	6	2	0	3	3	4	1
4	6	4	4	3	3	0	4
2	3	3	2	0	5	5	3
3	5	6	6	5	2	0	0
1	4	5	1	6	6	4	1

71

Robin

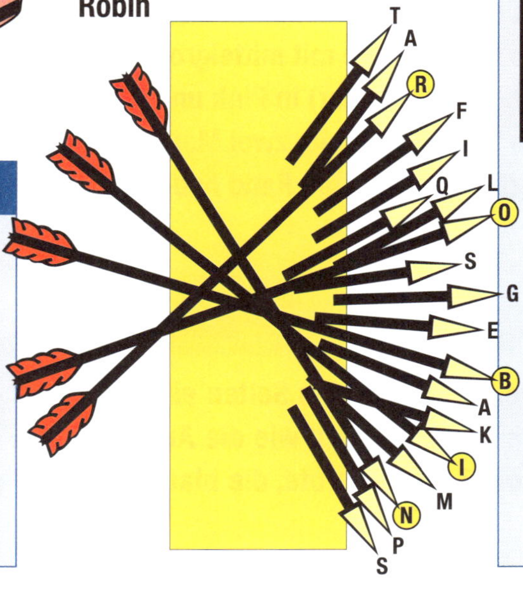

72

c

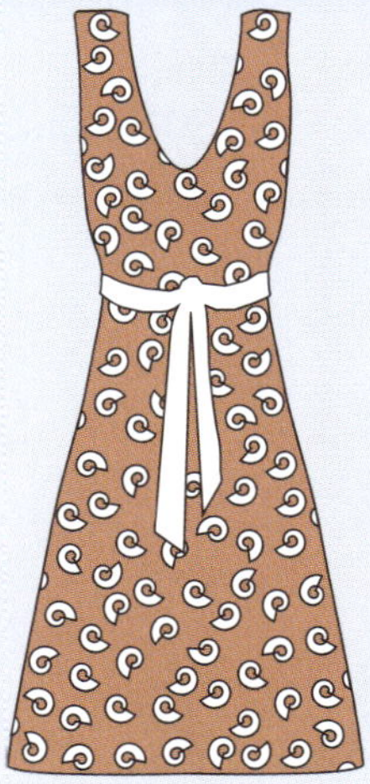

d

73

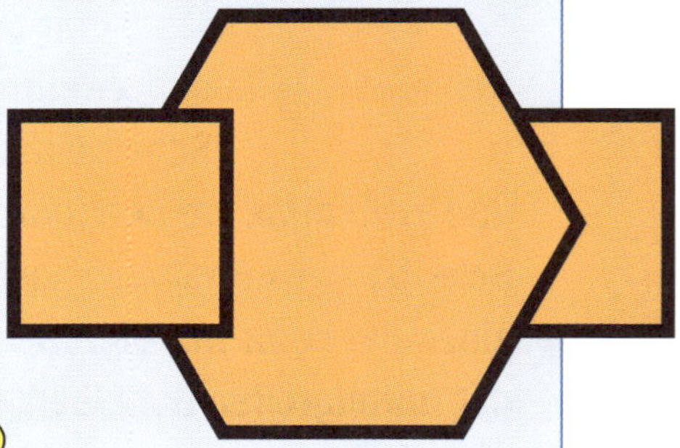

d. Die kleine Form hinter der großen rückt in den Vordergrund und die vordere nach hinten.

74

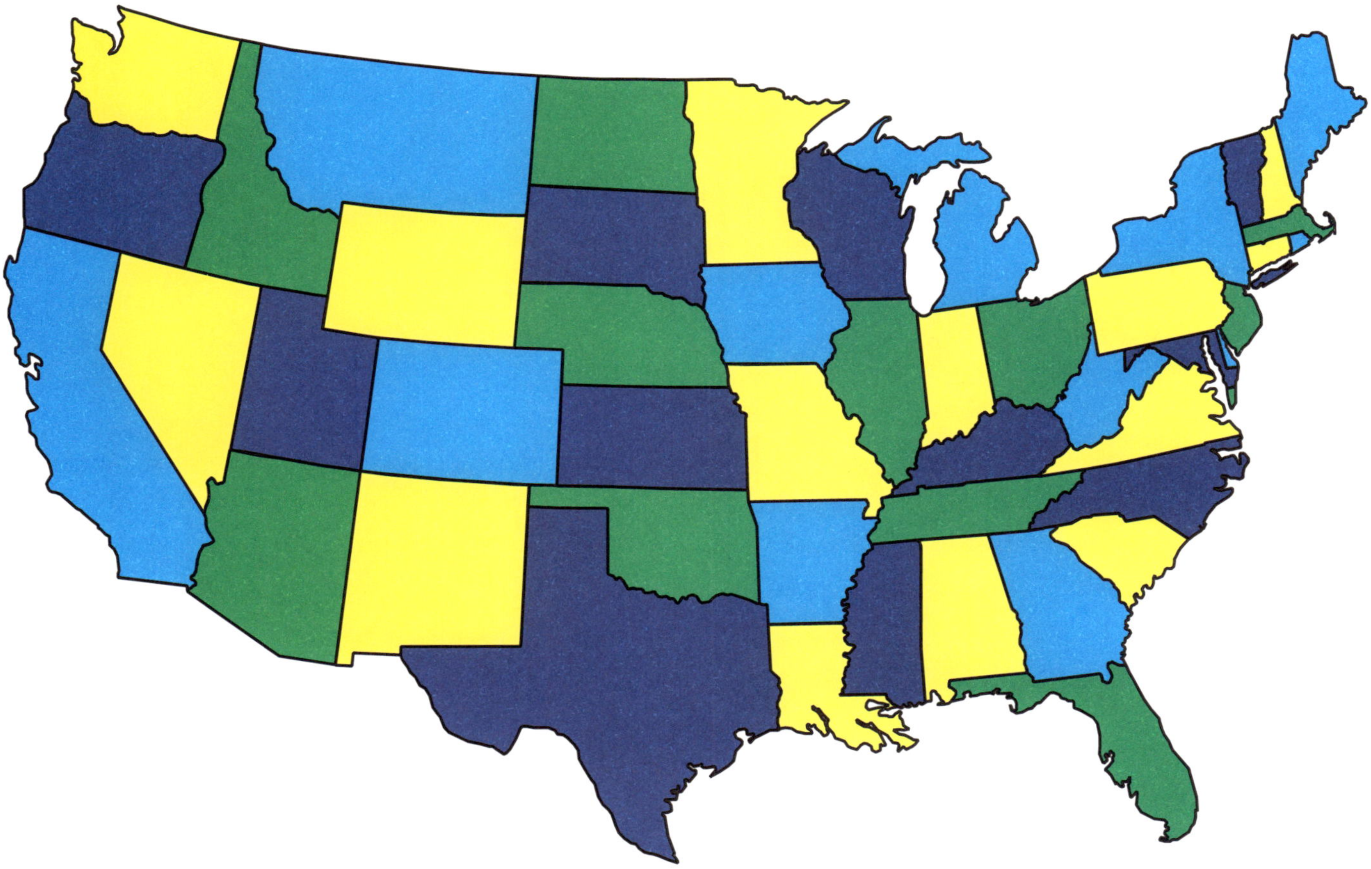

75

d. In jeder senkrechten Spalte und in jeder horizontalen Reihe müssen sich finden: ein Motiv mit pinkfarbener Scheibe in der Mitte und zwei mit gelben; ein Motiv, dessen Scheibe in der Mitte weiß umrandet ist, und zwei ohne weißen Rand; zwei Motive mit mittelgroßen Scheiben (als Ring oder als Fläche sichtbar) in Pink und eines mit einer mittelgroßen Scheibe in Gelb; zwei Motive mit mittelgroßen Scheiben, die einen weißen Rand haben, und eines ohne eine solche weiße Linie.

76

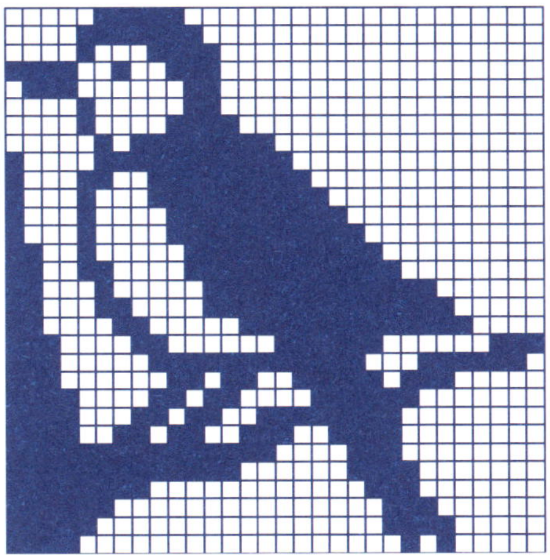

77

Da sich die Augen auf gegenüberliegenden Seiten eines Würfels zu 7 ergänzen, hat Peter jeweils doppelt so viele Waren abgegeben wie die Augen auf der Rückseite zeigen. Die gelben Augen bestimmen die Zahl der Brote, die blauen die Zahl der Fische. Also bekommt Maria vier Brote und zehn Fische.

78

79

1. Bernd
2. Roger
3. Uwe
4. Weiß
5. 5
6. 4
7. 7 (Claudia, Sophie, Julia, Kristina, Uwe, Arno, Anna)
8. 3 (Jens, Sophie, Julia)

80

1. e und f
2. g
3. 3
4. 1
5. 1
6. 8
7. 1
8. 30

81

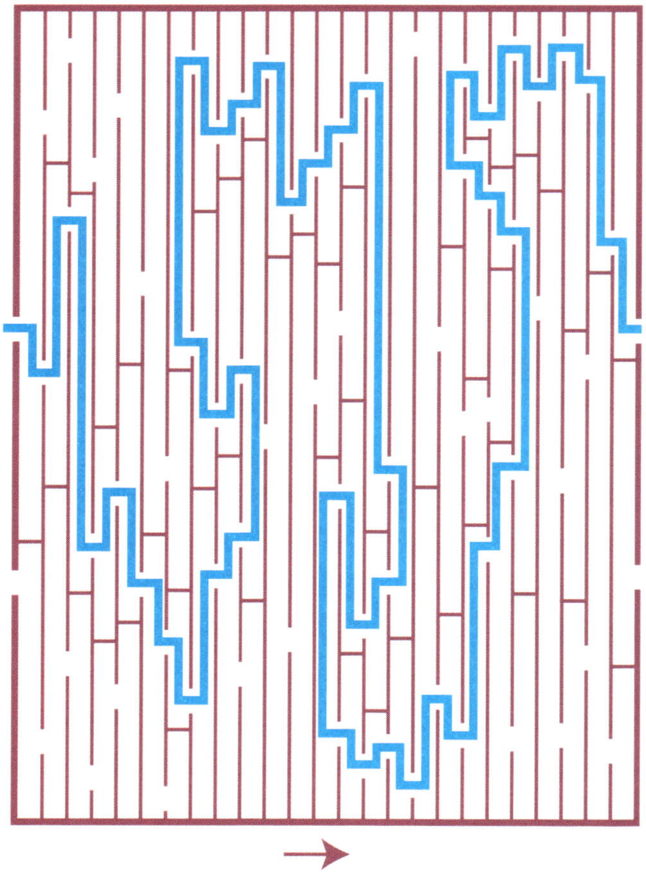

82

Das Muster a kommt sechsmal vor.

a

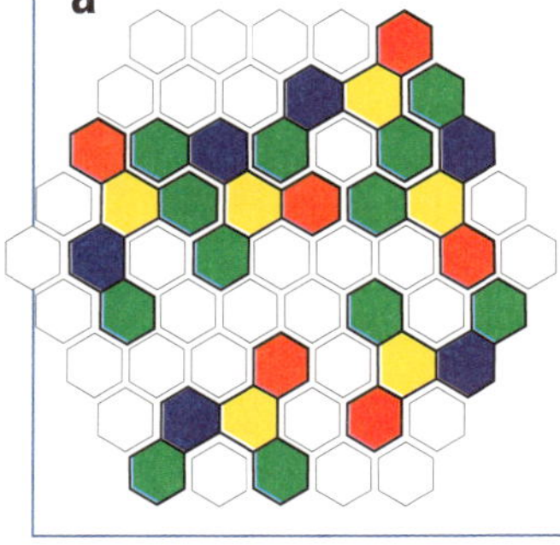

b

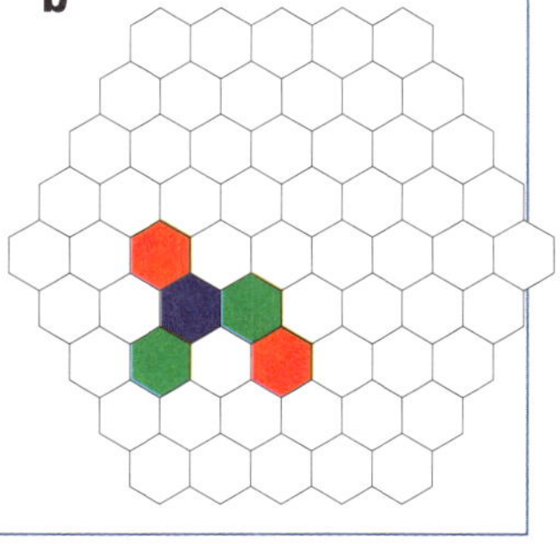

83

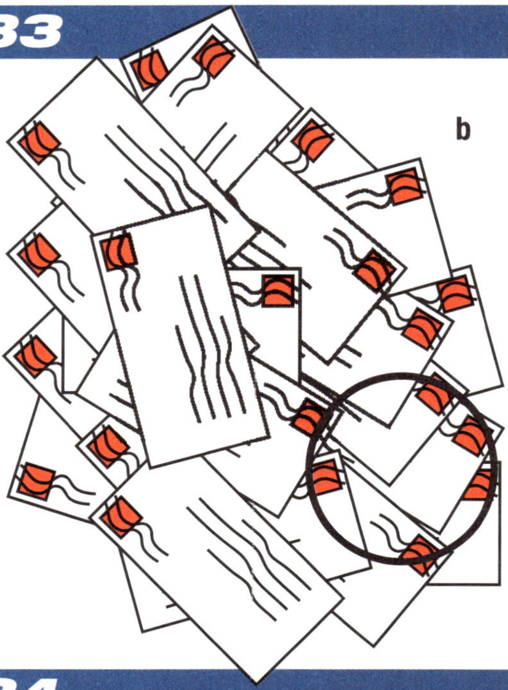

b

84

85

d

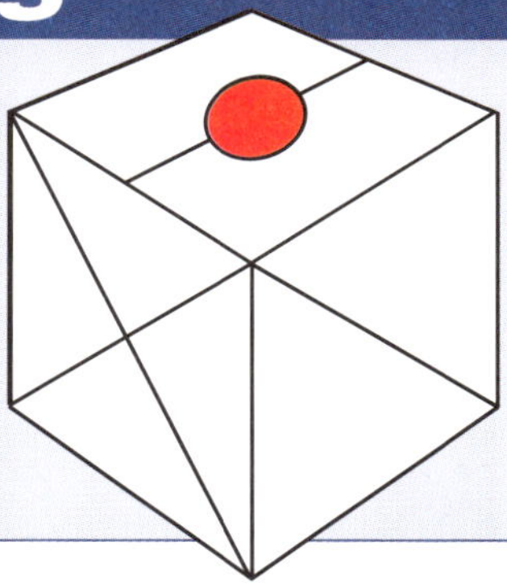

86

Tom

87

Grün. In jedem großen Dreieck kommen drei Farben vor.

88

Sie brauchen die vierte Farbe nur einmal.

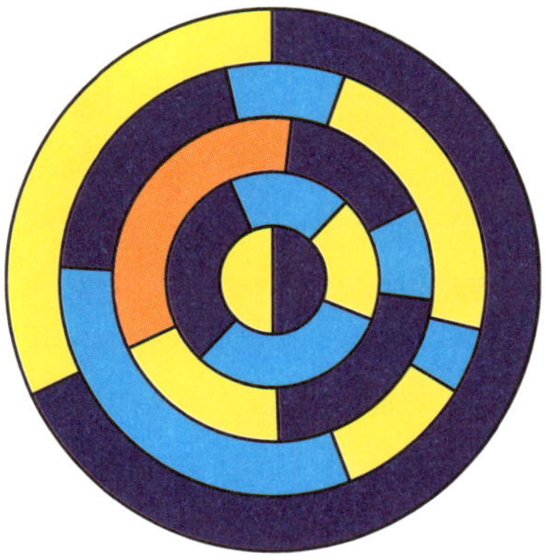

89

b. Unterschiedliche Hunde und unterschiedliche Bälle erscheinen dreimal. Also muss der fehlende Hund drei weiße Flecken und der Ball zwei grüne, zwei rote und einen schwarzen Streifen haben.

90

Eine Möglichkeit wäre, die unterste Münze auf die mittlere Münze zu legen.

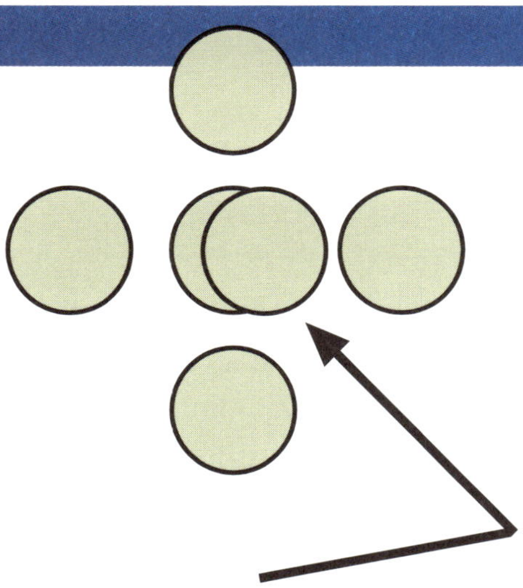

91

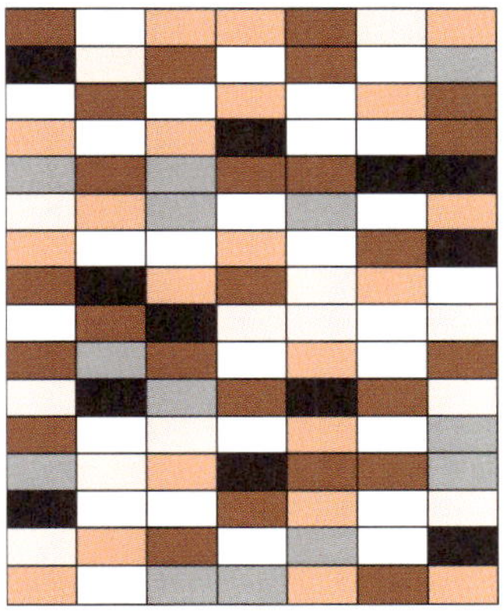

c und e

92

93

b

g

c

94

95

b. Die vier kleinen Dreiecke lassen sich zu einem großen zusammenlegen. Das Kreuz in dem Oval wird auf die Spitze des Dreiecks verschoben und das verkleinerte Oval wandert ins Innere des Dreiecks.

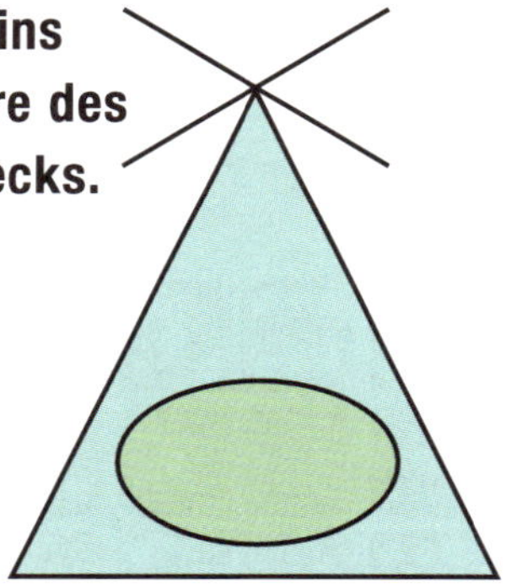

96

97

c. In jeder Reihe liegt ein Abzeichen mit der Nummer 9673 und zwei mit 9637. Zwei der Abzeichen in jeder Reihe liegen richtig herum, eines auf dem Kopf. In jeder Reihe gibt es einen Stern, der keine Kreise in seinen Zacken hat und in jeder Reihe fällt der Schatten zweimal nach links und einmal nach rechts.

Also muss das fehlende Abzeichen richtig herum stehen und die Nummer 9673 haben; es muss Kreise in den Zacken haben und einen Schatten nach rechts werfen.

98

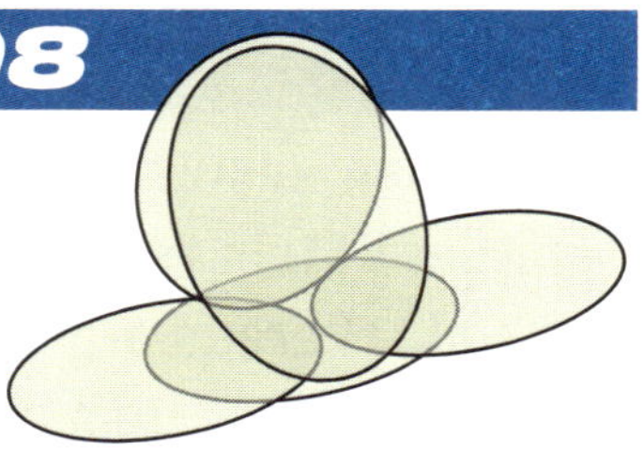

Legen Sie zwei Münzen auf eine dritte. Dann stellen Sie die beiden anderen so hin, dass sie die liegenden Münzen berühren.

99

Der fehlende Stein ist 0/1. Die Summe entsteht so: Addieren Sie die Augen auf den ersten beiden Steinen und multiplizieren Sie sie mit der Summe der Augen auf den letzten beiden Steinen.

100

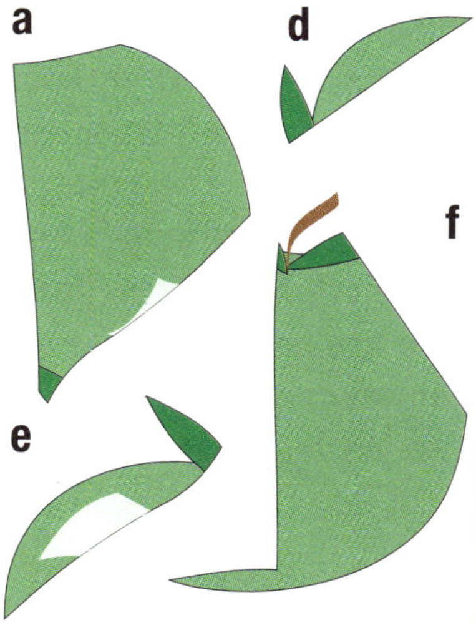

101

b. Das mittlere Feld in jeder Reihe und in jeder Spalte enthält so viele Objekte wie die beiden äußeren zusammen. Das fehlende Feld muss folglich zwei Objekte enthalten.

102

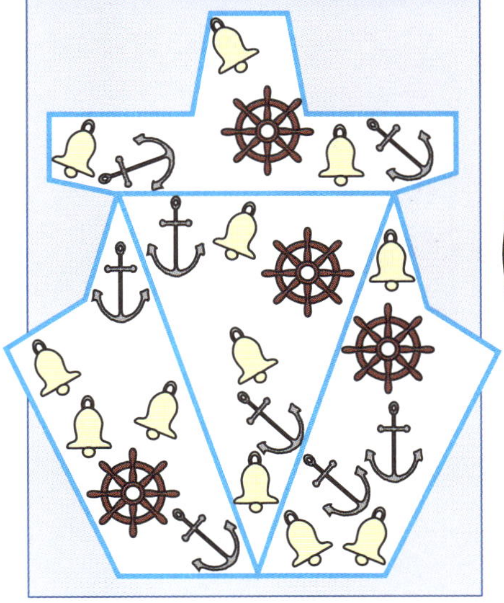

105

b und d

103

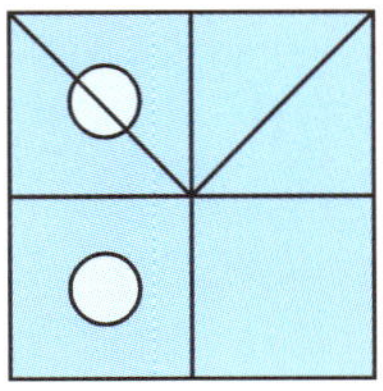

c. Linien, die in den ersten drei Quadraten zweimal auftauchen, erscheinen im vierten Quadrat. Nur die Kreise, die einmal auftauchen, erscheinen im vierten Quadrat.

104

Tom kann gewinnen, Florence nicht. Schließlich kommt Florence mit einer gewürfelten 5 auf Feld 64. Von dort aus geht es weiter: 68-87, 90, 92-72, 73, 79, 84-64, 68-87, 90, 92-72, 73, 79, 84-64, 68-87, 90, 92-72 usw. Sie kommt nie über 92.

106

d. Jeder Buchstabe tauscht mit seinem Nachbarn in Pfeilrichtung.

107

In der mittleren Spalte müssen beide linken Hälften der fehlenden Dominos 0 sein und die rechten Hälften 1 und 3. In der dritten waagerechten Reihe von oben kann der mittlere Stein rechts keine 1 sein, also gehört hier Stein 0/3 hin. Daraus ergibt sich für die Mitte der zweiten Reihe 0/1. Der Dominostein rechts in der zweiten Reihe von oben ist 5/5, also muss der Stein in der dritten Reihe von oben links 6/6 sein. In der linken Spalte muss ein 0/0- und ein 0/5-Stein stehen, damit gehört 0/0 in die unterste, 0/5 in die oberste Reihe. Stein 2/2 liegt oben und der Stein unten rechts hat 3/4.

108

Jeweils 3x3 Quadrate enthalten zwei Exemplare jeder Form und ein leeres Quadrat.

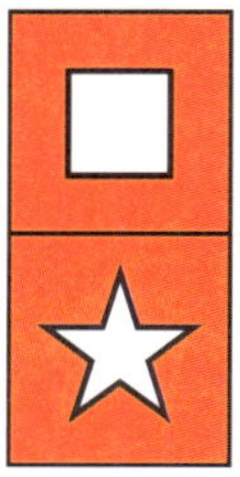

109

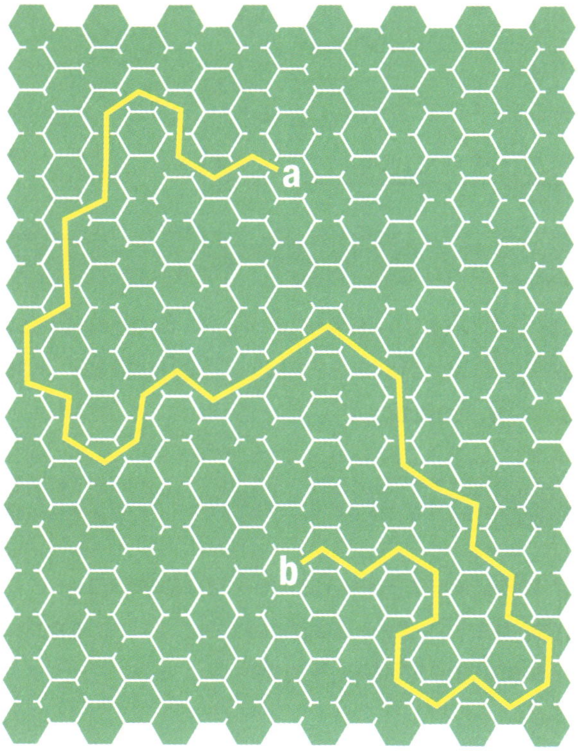

110

Haus 1

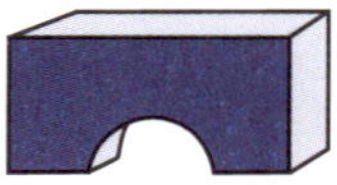

c

Haus 2

e

Haus 3

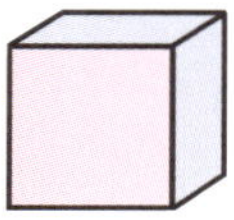

f

Haus 4

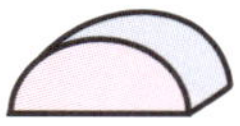

b

111

112

e

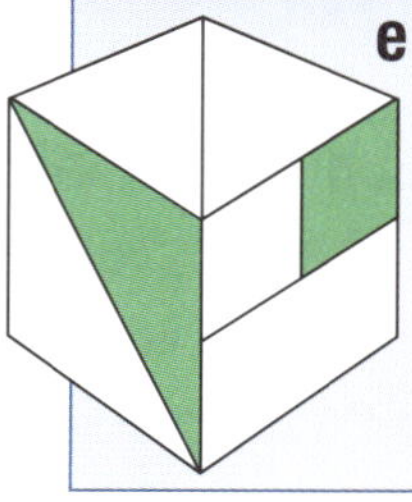

113

114

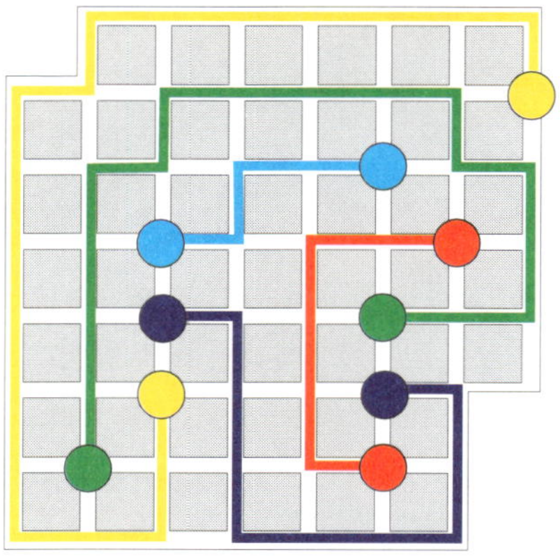

115

116

e. Jedes Segment ist ein Spiegelbild seines Gegenübers, aber mit ausgetauschten Farben.

117

a = 2, b = 4, c = 3,
d = 6, e = 5, f = 1

118

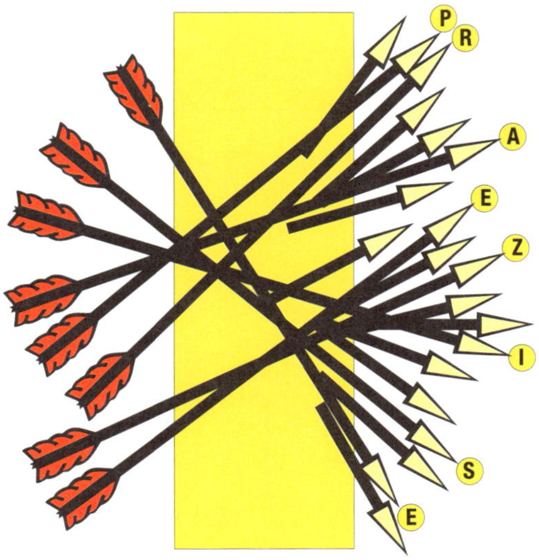

119

120

e. In jedem Fall ist die Form eine Spiegelung ihrer selbst.

122

Teilen Sie die Münzen in zwei Gruppen ohne sie umzudrehen, dann drehen Sie alle Münzen in einer Gruppe um – probieren Sie es aus!

123

a = 4, b = 5, c = 1, d = 2, e = 6, f = 3

124

125

1. Rotdorf
2. Graues Gebirge
3. Schmidt-Fluss
4. Feuchtgebiet
5. Siedlerstadt
6. Salzort
7. Großer Fluss
8. Dunkler Wald

121

d. Von links nach rechts in einer waagerechten Reihe wandert das unterste Buch oben auf den Stapel und in den Spalten von unten nach oben die beiden untersten Bücher oben auf den Stapel.

126

63. Multiplizieren Sie die Gesamtzahl der Augen auf dem ersten Dominostein mit der Gesamtzahl des zweiten Steins.

127

1 = d, 2 = a, 3 = e, 4 = b, 5 = c, 6 = f

128

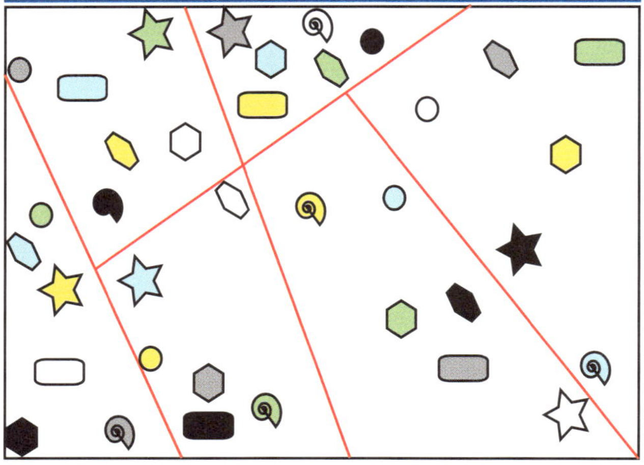

129

1 = c, 2 = e, 3 = f, 4 = a, 5 = d, 6 = b

130

Wenn Sie den Streifen in einen Würfel falten, entstehen zwei durchgehende Linien. Um daraus eine zu machen, müssen Sie die beiden Halbkreise auf dem untersten Feld in zwei gerade Linien verwandeln.

131

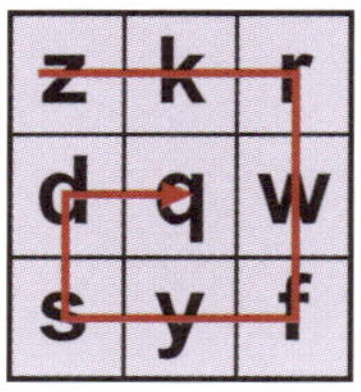

c. Jeder Buchstabe wandert eine Stelle im Alphabet weiter; dann verschiebt sich der mittlere Buchstabe in die obere, linke Ecke, und alle anderen wandern entlang des Pfeils um eine Stelle weiter.

132

a. Stellen Sie sich die Motive als Zifferblätter einer Uhr vor. Der rote Punkt markiert die Stunde. Von Motiv zu Motiv wandert der rote Punkt 5 Stunden zurück, so dass er zum Schluss auf 3.00 Uhr steht.

133

Haus 1

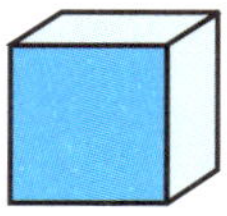

f

Haus 2

g

Haus 3

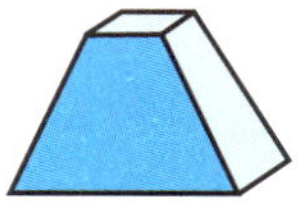

d

Haus 4

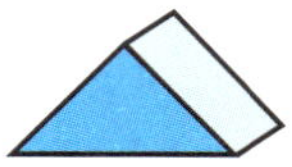

i

URHEBER DER EINZELNEN AUFGABEN

- **Brainwarp**
Aufgaben 14, 25, 37, 50, 60, 87, 90, 98, 108, 122, 130
- **David Bodycombe**
Aufgaben 2, 9, 16, 19, 28, 43, 45, 52, 71, 74, 82, 88, 114, 118
- **Guy Campbell**
Aufgaben 1, 7, 8, 18, 21, 34, 41, 42, 59, 64, 75, 81, 97, 109
- **Philip Carter & Ken Russell**
Aufgaben 11, 20, 35, 63, 69, 85, 95, 103, 112, 120
- **Puzzlemakers**
Aufgaben 3, 4, 5, 6, 10, 12, 13, 15, 17, 22, 23, 24, 26, 27, 29, 30, 31, 32, 33, 36, 38, 39, 40, 44, 46, 47, 48, 49, 51, 53, 54, 55, 56, 57, 58, 61, 62, 65, 66, 67, 68, 70, 72, 73, 76, 77, 78, 79, 80, 83, 84, 86, 89, 91, 92, 93, 94, 96, 99, 100, 101, 102, 104, 105, 106, 107, 110, 111, 113, 115, 116, 117, 119, 121, 123, 124, 125, 126, 127, 128, 129, 131, 132, 133